AF453999

LA RÉFORME

DE

L'ÉDUCATION NATIONALE

PAR GEORGES HERSENT

PARIS

LIBRAIRIE HACHETTE ET Cⁱᵉ

79, BOULEVARD SAINT-GERMAIN

1917

Prix : 2 fr.

LA RÉFORME

DE

L'ÉDUCATION NATIONALE

LA RÉFORME

DE

L'ÉDUCATION NATIONALE

PAR GEORGES HERSENT

PARIS

LIBRAIRIE HACHETTE ET Cⁱᵉ

79, Boulevard Saint-Germain

1917

L'étude qui suit a été publiée en articles dans le Correspondant *n^{os} de mai et juin 1917.*

LA RÉFORME DE L'ÉDUCATION NATIONALE

AVANT-PROPOS

IL peut sembler étrange qu'un ingénieur dont la vie s'est passée à diriger de grandes entreprises ait son mot à dire sur l'éducation. Le sentiment éprouvé à cet égard dépendra de l'idée que l'on s'est faite du but et de la perfection même de l'Éducation. L'objectif final est-il d'aider un jeune homme à acquérir la connaissance, presque toujours passagère et superficielle, de toutes les matières comprises dans un programme déterminé ? Le but est-il la conquête de diplômes variés attestant qu'on a satisfait à des examens plus ou moins difficiles ? Dans ce cas, et sans aucun doute, le domaine de l'enseignement doit être réservé aux Universitaires, à ceux qui se sont voués professionnellement à la formation et à l'instruction de la jeunesse.

Mais si l'on admet que l'éducation n'a qu'un seul et véritable but : la préparation à la vie, non seulement dans un intérêt égoïste, mais pour le plus grand bien de la famille, de la société et du pays, le problème change d'aspect.

L'éducation alors se distingue avec netteté de l'instruc-

tion proprement dite. Nous avons en effet une tendance malheureuse à confondre les deux choses, alors que l'instruction — vérité courante mais pratiquement négligée — ne représente qu'une partie de l'œuvre d'ensemble. Le terme de toute éducation n'est-il pas de réaliser le développement rationnel et simultané de nos trois natures: physique, morale, intellectuelle ? Et l'harmonie du résultat ne dépendra-t-elle pas de l'équilibre et de la cohésion que l'éducation aura su maintenir dans l'essor de ces trois forces de vie ?

Dès lors, ceux que leur situation met plus particulièrement à même de connaître le monde, avec la complexité de ses ressorts et de ses besoins, ont le droit, je dirai plus, le devoir d'intervenir. Ne sont-ils pas le mieux placés pour discerner les qualités que la vie moderne exige de nos contemporains, et par suite pour comparer les avantages et les inconvénients de telle ou telle méthode de préparation à la vie ?

Il est une idée première qui doit dominer toutes autres en matière de formation de la jeunesse : c'est qu'à chaque époque, à chaque pays, à chaque période de l'évolution scientifique et économique, convient une méthode d'éducation appropriée.

Les événements contemporains imposent à l'attention un fait primordial que notre éducation ne peut persister à ignorer : les progrès de la science appliquée sont aujourd'hui tels que l'activité productrice subit, à tous les échelons, la loi de la lutte ; d'où il s'ensuit que la vie des peuples est devenue un conflit permanent d'influence économique. Notre pays, fût-il demeuré le pays essen-

tiellement agricole qu'il était, que les nécessités de la concurrence se fussent d'ores et déjà imposées à lui. Mais, on l'oublie trop, la moitié de notre population active est désormais tournée vers l'industrie et le commerce, c'est-à-dire vers celles des professions qui exigent le plus de nos facultés d'adaptation. Enfin l'effroyable tourmente que traverse l'Europe va imposer des efforts de reconstitution pour lesquels il nous faut être préparés.

Ce sera là notre point de départ, et nous nous permettrons d'insister pour le mettre en pleine lumière. Après la victoire des armes et le rétablissement de la paix, nous aurons une autre victoire à gagner, et non moins rude, au milieu de la ruée de toutes les nations vers leur affranchissement économique et vers une plus grande expansion. Tous les pays engagés dans la lutte auront à reconstituer leurs richesses et leurs réserves, anéanties ou gaspillées. Voilà la lourde tâche qu'un avenir prochain imposera aux jeunes générations. Elle ne pourra être accomplie que par des hommes bien trempés. Mais nos méthodes d'éducation actuelles sont-elles adaptées à ces fins immédiates ?

En ce qui concerne la préparation à la vie et à la lutte, d'autres peuples ont éprouvé, comme nous, le poids des erreurs du passé. Ils ont souffert, ils souffrent de certaines lacunes aujourd'hui constatées. L'exemple de leurs efforts, la diversité des résultats obtenus, sont indispensables à connaître pour éclairer notre propre voie. C'est cette courte enquête que nous tâcherons de faire en second lieu.

Reprenant ensuite l'idée que nous avons tenu à placer

au début de cette étude, qu'une éducation n'est bonne que si elle tend à équilibrer le développement de toutes nos forces vitales, nous tâcherons d'examiner par le détail, avec la préoccupation d'aboutir à des conclusions précises et pratiques, comment il convient d'adapter l'éducation physique, puis la formation du caractère, enfin l'instruction proprement dite, au but immédiat qui s'impose à nous. Le problème de l'instruction nous amènera enfin à insister un peu longuement sur l'angoissante question de l'apprentissage et de l'enseignement technique industriel, commercial et agricole.

Nous devons ajouter que cette étude a été conduite en dehors de toute préoccupation d'apologétique confessionnelle, politique ou de classe. Ce n'est certes pas qu'en cette matière nous croyions qu'on puisse sans dangers négliger le facteur moral et religieux. Nous pensons au contraire que l'idée de devoir, de dévouement et de sacrifice, ne peut être inculquée à la jeunesse en dehors d'un enseignement religieux. Mais en un temps où toute entreprise d'intérêt national exige, à peine de stérilité, la coopération de tous, il nous a semblé qu'il était opportun de faire abstraction de toute considération de philosophie sociale susceptible de nous diviser.

LA RÉFORME DE L'ÉDUCATION NATIONALE

I. — L'EFFORT ÉCONOMIQUE DE DEMAIN. — SES CONSÉQUENCES EN MATIÈRE D'ÉDUCATION.

LA guerre actuelle est une leçon de choses d'une si vaste envergure, elle aura coûté tant de vies, de dévouements et de misères, qu'elle ne peut et ne doit à aucun prix demeurer stérile. Les générations présentes et futures se doivent à elles-mêmes d'en tirer un douloureux mais précieux enseignement. La victoire de demain, achetée au prix de si généreux sacrifices, ne doit pas seulement survivre comme le souvenir d'une des plus belles pages de notre histoire, qui en compte déjà tant : elle doit avoir un lendemain non moins glorieux. Il dépend de nous qu'elle devienne le point de départ d'une renaissance nationale, dans tous les domaines. Mais ceci n'ira pas sans une considérable dépense d'énergie, de travail et d'argent. Une organisation nouvelle, des méthodes de travail et surtout d'éducation inspirées d'un esprit plus moderne s'imposeront par la force même des choses.

Il peut paraître excessif de parler d'essor au moment où le pays ploiera sous le poids de ses engagements. C'est cependant la nécessité de faire face aux plus lourdes charges qui doit nous mettre dans la voie de la prospérité à venir. Ces charges auront une double origine : réparation publique de certains maux occasionnés par la guerre, et paiement des créances exigibles.

Le premier souci de la France sera naturellement de régler le grave problème de la reconnaissance nationale envers les soldats mutilés et les familles de ceux qui se seront sacrifiés pour la grandeur et l'indépendance de la patrie. La vie française devra aussi être rétablie dans les territoires envahis, les dommages indemnisés, les ruines relevées. Ce sera encore réparer que de rétablir la partie de notre outillage public détériorée ou même détruite par un usage trop intense, de reconstituer rapidement toutes les réserves et les approvisionnements normaux et indispensables, tant en céréales qu'en bétail, matières premières ou objets ouvrés de toutes sortes.

D'autre part, l'endettement de l'Etat sera tel que des budgets difficilement imaginables devront être mis sur pied. L'obligation où nous sommes actuellement d'importer pour des milliards de produits étrangers, aura eu comme conséquence forcée un véritable déséquilibre dans la balance de nos comptes internationaux. Si ce déséquilibre persistait, il entraînerait un drainage continu de l'or et du capital français à l'étranger, en même temps qu'une dépréciation progressive de notre monnaie fiduciaire. Les ressources nécessaires pour faire face à cette situation ne pourront être trouvées que dans deux directions : les économies — et la surproduction.

Les économies à outrance peuvent présenter l'avantage immédiat d'une reconstitution relativement rapide de l'épargne, et par suite permettre à chaque Français de supporter les impôts nouveaux, nécessairement très lourds, qu'il aura à payer. Mais cet avantage ne serait que momentané : les économies généralisées équivalent à une diminution générale des revenus. L'économie aurait pour effet d'anémier progressivement toutes les branches de la production nationale : et l'anémie n'est pas un état de vie à rechercher. De plus, si des économies peuvent arrêter dans une certaine mesure l'aggravation de changes défavorables, puisqu'elles permettent d'importer moins, elles restent inopérantes quant au rétablissement d'une balance économique déficitaire.

Seules l'intensification de la production sous toutes ses formes, et l'expansion économique qu'elle entraîne presque mécaniquement, pourront fournir les ressources voulues. L'expansion, même au sein de la paix la mieux assurée, est une nécessité biologique pour les peuples aussi bien que pour les individus. A vivre isolé et ramené sur soi-même, tout être, toute société, tout pays se recroqueville, s'engourdit et s'anémie. La vie, l'intelligence, la force, la richesse nous viennent toutes du dehors : elles procèdent soit de l'absorption de substances vitales extérieures, soit de l'échange des idées, des produits du sol ou de l'industrie. Tout pays, comme tout être humain, pour se

développer et prospérer, a donc besoin de s'extério-
riser ; il lui faut respirer à pleins poumons et rechercher
toujours la plus grande expansion compatible avec ses
ressources et ses moyens d'action. Au surplus, après
la guerre, l'expansion française n'apparaîtra plus
comme un objet de discussions académiques, comme
un idéal à réalisation lointaine, mais comme une iné-
luctable nécessité du moment. Ce n'est en effet que
par elle que nous pourrons faire rentrer chez nous l'or
et les créances passés en d'autres mains.

L'expansion n'est toutefois possible que grâce à
un excédent de production. Produire davantage,
mieux et à plus bas prix, sera alors le devoir de chacun. Ce n'est, en effet, que par un accroissement du
revenu national global que l'impôt restera supporta-
ble et productif.

Cet effort sera-t-il réalisable malgré les difficultés
de toutes sortes qu'il rencontrera ? Sans hésitation,
nous estimons qu'il est possible.

Le drame encore inachevé aura montré dans
quelles proportions nos ressources agricoles, nos
gisements de matières premières, nos richesses colo-
niales, nos aptitudes productrices se trouvaient insuffisamment mis en valeur. Il existe dans nos réserves
matérielles une marge immense, où peuvent se donner
libre cours nos facultés de production. En gens insou-
ciants ou trop riches, nous suppléions autrefois à une
production incomplète par l'achat à l'étranger. Nous
n'en souffrions pas trop, parce que l'épargne française
avait su se ménager un important solde créditeur sur

les pays étrangers. La guerre aura cependant prouvé qu'un grand pays entre dans un conflit armé avec une cause permanente d'infériorité, s'il n'a pas su s'astreindre, dès le temps de paix, à produire plus largement que ne l'exigent ses besoins essentiels.

Pourquoi laissons-nous notre superbe terre de France rendre en moyenne moins à l'hectare que les médiocres champs de la Prusse orientale ? Comment se fait-il que l'état approximatif des richesses de notre sous-sol n'ait pas été dressé, et que ce que l'on sait de lui n'ait pas été mis, chaque fois que c'était commercialement possible, en exploitation ? Personne ne saurait, en effet, affirmer que nous ne possédons pas d'immenses gisements susceptibles à eux seuls de faire la fortune du pays. Mais il faudrait des prospections méthodiques, des initiatives toujours encouragées. Combien d'industries nouvelles pourraient s'organiser chez nous et nous libérer du concours de l'étranger ! Il n'y a pas si longtemps que la grande industrie de la filature et du tissage, celle du sucre et, dans un autre ordre d'idées, certaines grandes institutions bancaires, ont été importées et développées chez nous. Il en est bien d'autres qu'aucune infériorité naturelle prohibitive ne nous interdit.

La mise en valeur de nos richesses virtuelles ne sera toutefois possible que si nous savons satisfaire à un certain nombre de conditions indispensables.

En tout premier lieu, l'outillage national doit être perfectionné, multiplié, rendu plus pratique et surtout plus économique. La guerre nous a appris qu'on ne se bat pas seulement avec des hommes et des canons, mais presque autant avec des chemins de fer et des bateaux de commerce. L'expérience des vingt dernières années porte à penser que l'influence économique d'un grand peuple est insuffisamment servie par le placement de ses épargnes à l'extérieur et l'exportation d'objets de luxe. L'exportation des grosses marchandises courantes et pondéreuses nous est tout aussi accessible : mais l'outillage national amélioré en devient l'instrument principal. L'embouteillage de nos grands ports a montré que nos prévisions et nos programmes sont généralement insuffisants, trop longs à se réaliser et, par suite, toujours en retard sur les besoins ; que l'installation et l'exploitation de nos ports sont faites trop administrativement, et non suivant des méthodes industrielles.

Qu'avons-nous fait du Rhône, cette merveilleuse voie naturelle qui, aménagée, nous assurerait si facilement une situation prépondérante en Suisse et nous permettrait de concurrencer l'effort que d'autres ont tenté sur le Rhin ? L'importance de la Seine comme grande artère de pénétration pour les approvisionnements de Paris et même du Nord, de l'Est et du Centre de la France, saute aujourd'hui aux yeux de tous. L'aménagement actuel du fleuve, qui remonte à l'exécution du plan Freycinet, œuvre très remarquable dans ses prévisions lorsqu'elle fut conçue, ne répond déjà plus aux exigences présentes. Aucune difficulté insurmontable n'existe pourtant à ce que Paris soit prochainement en mesure de recevoir des chalands aussi grands que ceux qui circulent sur le Rhin.

Après l'outillage, il faut des capitaux, et nous en avons. L'épargne française ne se reconstitue-t-elle pas inlassablement ? Mais la politique financière de nos grands établissements de crédit devra changer et donner une affectation nouvelle aux capitaux français. Moins d'emprunts étrangers permettant à des pays, concurrents de demain, de s'outiller et peut-être plus tard de nous évincer ; davantage de faveurs et de facilités aux placements industriels et commerciaux dans le pays, ainsi qu'au commerce extérieur.

Des méthodes commerciales plus modernes s'imposent également : adaptation plus souple aux besoins de la clientèle, plus grande variété de qualités, facilités de paiement à long terme, meilleure représentation sur place. L'utilisation de la main-d'œuvre devra aussi se faire de façon plus scientifique. La main-d'œuvre féminine et coloniale pourra, il est vrai, combler une partie des vides creusés par la guerre. Mais c'est surtout un accroissement de la productivité du travail, par un machinisme plus perfectionné et une technique plus étudiée, qui suppléera au nombre.

Nous nous sommes permis d'indiquer à grands traits la tâche à venir, nous avons souligné son énormité, nous avons énuméré les principales conditions matérielles et techniques sans lesquelles son accomplissement ne serait pas concevable, pour mieux mettre en évidence la part que prendra nécessairement, dans l'exécution de ce programme, le facteur psychologique. Tant valent les hommes, tant vaut l'œuvre.

Programme et moyens seraient vains si nous n'avions pas les hommes à la hauteur. La formation d'un personnel adéquat aux circonstances apparaît ainsi comme la préoccupation première et fondamentale.

Une réforme générale, une orientation nouvelle de notre esprit public s'imposent tout d'abord. Le plus grand nombre d'entre nous en étaient arrivés à prendre comme idéal de vie une civilisation intellectuellement supérieure, pour ainsi dire éthérée, sans liens avec les contingences de la vie pratique et matérielle. La guerre nous aura appris qu'on ne vit pas impunément d'une vie d'idées trop exclusive, ces idées fussent-elles les plus sublimes et les plus généreuses. L'histoire se recommence toujours, et le passé était là pour nous rappeler que tout pays, comme tout individu, s'il veut être fort, même par la pensée, doit avoir sa vie et sa liberté matérielles durablement assurées. Sinon, il est à la merci de toutes les agressions. Un peu de matérialisme, ou si l'on veut de réalisme, n'est pas hors de propos dans un siècle où tout se règle sur les intérêts matériels. Dans l'illusion du rêve et de la spéculation pure des idées, nous avions, en somme, trop négligé, pour ne pas dire oublié, l'importance réelle des grands problèmes économiques. Nous avions même une tendance à les considérer comme quantités négligeables, tout au plus intéressantes pour des pays neufs ayant tout à réaliser. Les civilisations cependant évoluent sans cesse : tout se transforme, tout se perfectionne, et la stagnation équivaut à un recul.

L'EFFORT DE DEMAIN

La France vivait sur son passé, sur sa prospérité acquise, un peu comme un rentier indifférent aux efforts d'autrui. Parce que nous ne sortions pas assez de chez nous, parce que nous ne vivions pas assez à l'étranger de la vie extérieure, nous avions perdu le contact avec la pensée, le développement, les progrès, les expériences et les ambitions des autres puissances. Si étrange que cela puisse paraître au premier abord, on ne connaît vraiment bien son pays, on ne l'apprécie à sa juste valeur, on ne sait ce qu'il peut donner que lorsqu'on en est sorti. Pour avoir ignoré les autres, nous nous ignorions nous-mêmes : et nous nous sommes laissé surprendre. Il n'y a pas jusqu'à nos savants, nos littérateurs, nos artistes, notre presse, notre théâtre, dont l'influence dans le monde n'eût été autrement puissante s'ils avaient mieux communié avec le monde. Tout ceci doit changer.

D'autre part, et sans être taxé de sévérité injuste, on peut bien dire que notre développement, très réel bien que très insuffisant, n'était ni dirigé ni canalisé vers un objectif déterminé. Il lui manquait les directrices impérieuses, voire impératives, susceptibles de coordonner tous ses éléments et d'amplifier ses résultats. Notre politique économique allait un peu au jour le jour. Le but précis faisant défaut, nous nous arrêtions généralement à mi-chemin dans la solution des problèmes, ou bien nous ne voyions qu'un de leurs aspects ; et cela dans tous les domaines. Qu'il s'agisse d'éducation, le diplôme devenait l'unique point de mire. Qu'il s'agisse de questions ouvrières, on s'empressait d'augmenter les salaires ou de constituer des retraites, sans s'occuper parallèlement d'accroître la productivité du travail. S'occupait-on d'outillage national, de chemins de fer, de ports, de canaux, on négligeait d'établir la liaison entre ces divers instruments, et les programmes, insuffisants dans leur extension, trop chers et trop tardifs dans leur exécution, étaient démodés avant que d'être réalisés. Discutait-on de marine marchande, les subsides paraissaient toujours trop élevés, et les innombrables entraves paraissaient naturelles : à tel point que nous payions annuellement à l'étranger, pour insuffisance de notre flotte, un tribut bénévole de 400 millions, qui, en 1916, aura atteint un milliard et demi.

Au surplus, nombre des grands courants d'idées qui animaient les masses n'étaient pas de nature à surexciter en elles la volonté de produire. Le pacifisme négligent, auquel beaucoup doivent de pleurer aujourd'hui des êtres chers à jamais disparus, doit désormais faire place au sentiment de la vraie paix, assise sur l'énergie morale, la puissance des armes et la richesse économique de la nation. La propagande du moindre effort et du sabotage serait dorénavant une véritable trahison. La lutte ne peut plus exister entre l'ouvrier et le patron : tous deux ont envers le pays le devoir sacré de s'entr'aider dans une même pensée de reconstitution. Nos tendances à l'étatisme, qui risquent aussi de prendre un cours excessif dans les années futures, devront dans bien des cas faire place à des formules moins coûteuses, mettant à profit la collaboration de toutes les initiatives, de toutes les bonnes volontés. Au lieu de recourir sans cesse aux subsides, à la providence du gouvernement, le pays devra enfin comprendre que le succès de ses entreprises dépend plutôt de la libre coopération de toutes ses forces actives.

C'est intentionnellement que les considérations précédentes ont été placées au début d'une étude sur les réformes à introduire dans notre système d'éducation. Nous nous réservons de revenir plus amplement, dans d'autres articles, sur les problèmes ici à peine esquissés. Mais nous tenions à les poser pour qu'on se pénètre bien de cette idée que la question de l'éducation figure à la fois dans la préface et dans la conclusion de toute enquête sur nos difficultés économiques à venir. Que l'on y regarde d'un peu près, et l'on constatera que l'insuffisance d'une éducation appropriée est à la base de toutes les lacunes de notre organisation économique, je dirai plus, de toute notre organisation administrative. La lourdeur de la tâche prochaine sera cependant telle, et le nombre des ouvriers réduit à tel point, qu'il faut dès à présent s'occuper de suppléer à la quantité par la qualité : question de formation. Le meilleur outillage, les plus belles ressources naturelles peuvent n'être utilisés qu'avec mollesse, s'ils ne trouvent pas de caractères pour leur faire rendre le maximum : question de formation. Si nos méthodes, si l'esprit public ne sont pas orientés vers une infatigable volonté de produire, nous regresserons : question d'éducation encore.

II

II. — RÉSULTATS DE DIVERSES MÉTHODES NATIONALES D'ÉDUCATION

LE rapide tableau que nous avons esquissé de l'effort national d'après guerre démontre qu'il n'est certes pas hors de propos de s'occuper de l'éducation future de la nation, pendant la plus formidable tourmente que l'histoire ait connue. C'est le moment d'agir, et non de discuter, dira-t-on ? Soit ! mais préparer l'avenir, réparer les oublis ou les erreurs de la veille, n'est-ce pas aussi de l'action ?

Jamais, en effet, constatations plus manifestement probantes et plus instructives, moins théoriques et moins préconçues, n'ont été offertes à l'observation. Jamais le bénéfice inégal que des masses d'hommes en conflit peuvent retirer de leurs systèmes d'éducation, aussi divers que leurs civilisations, n'a pu être mesuré avec autant de certitude. Chaque pays engagé aujourd'hui dans la lutte titanesque pour la défense de son indépendance nationale, de ses convictions morales et de son idéal social, y consacre tout ce qu'il possède de force, d'énergie et de dévouement, tout ce dont il dispose de savoir et d'épargnes. Mais il y apporte encore ses méthodes de formation des hommes et d'organisation des forces. Toute son âme, tout son tempérament, tout le génie de sa race, tels que les ont faits l'hérédité, et aussi l'éducation reçue, sont ainsi placés dans la balance de la victoire.

LES DIVERSES ÉDUCATIONS NATIONALES

Sans vouloir passer en revue tous les systèmes
d'éducation adoptés par les peuples actuellement aux
prises, essayons tout au moins, à la lumière des faits
actuels, de comparer et de préciser les résultats essentiels obtenus, grâce à des méthodes différentes, tant
en Allemagne, qu'en Angleterre et en France.

En Allemagne, l'éducation s'imprègne du prestige
de la force brutale instaurée en religion d'État, sous
de fausses apparences idéalistes. « La force crée le
droit » dit Hegel, et après lui l'Université allemande.
« L'Allemand est resté féodal d'esprit au sein de la
société moderne. De plus, il a gardé le respect mys-
tique et superstitieux de la force. S'il peut être le plus
fort, il érige son triomphe en droit ; s'il est le plus
faible, il s'incline », dit justement Fouillée dans sa
remarquable *Esquisse psychologique des peuples européens* (1). L'indépendance individuelle est absorbée
par la communauté germanique, et celle-ci n'a qu'un
seul but : l'accaparement sous toutes ses formes et,
finalement, l'hégémonie économique mondiale.

L'éducation se moule sur l'objectif poursuivi. On
inculque de bonne heure au peuple le goût de la spécialisation exclusive, de l'achèvement de la tâche, de la
soumission à la méthode, au point que toute initiative
est généralement abolie chez les exécutants inférieurs.
A la suite d'une intense préparation technique très
appropriée, on parvient à imposer à l'Allemand un
labeur continu, souvent presque effrayant, auquel peu

---

(1) ALFRED FOUILLÉE, *Esquisse psychologique des peuples européens*
(p. 262). — Alcan, éditeur.

de peuples accepteraient de se soumettre. En somme, l'Allemand patient, laborieux, obéissant, attaché à son devoir, le devient plus encore grâce à l'entraînement auquel on soumet sa jeunesse.

L'éducation allemande procède ainsi à la fois de l'analyse et de la logique appliquée. Mais l'analyse allemande ne se montrant capable de discerner que les éléments matériels du succès, l'application logique de ses résultats révèle fatalement une absence totale de sens moral, qui entraîne parfois à d'énormes erreurs pratiques.

Dans les pays anglo-saxons, au contraire, le respect de la liberté et de l'indépendance individuelles peut être considéré comme la base même du système d'éducation.

Le premier souci y est de mettre l'individu dans le plus parfait état de défense, par une très large culture physique. Au cours de la pratique des sports en commun, l'Anglais reconnaît la nécessité de la discipline et acquiert l'habitude de l'initiative et de la responsabilité. Énergie et caractère, telles sont les qualités grâce auxquelles il sait toujours organiser sa vie au mieux de ses facultés. De plus, une fois son choix bien arrêté, il concentre tous ses efforts vers la réalisation de la perfection professionnelle, sans s'écarter de la branche d'activité qu'il a choisie.

Une telle méthode de formation a pour résultat de mettre chacun à la place qu'il est vraiment à même d'occuper dans la société. *The right man in the right place* devient pour l'Anglo-Saxon un objectif constant.

D'aussi solides qualités ne pouvaient manquer de donner à ceux qui les possèdent la suprématie industrielle et commerciale pour ainsi dire dans le monde entier. Malheureusement l'insuffisance de culture intellectuelle dans la masse, jointe à un souci exagéré du bien-être et à une diminution progressive, chez l'ouvrier, de la capacité de travail, étaient en train de faire perdre à l'Angleterre cette supériorité.

A l'inverse de l'Allemand, le Français individualiste supporte mal une règle trop rigoureuse et se prête peu à la coopération. Son esprit critique, inventif, le rend capable de grandes initiatives. Mais le manque de discipline et de continuité dans l'effort l'empêchent souvent de tirer parti de ses aptitudes intellectuelles. Les admirables ressources physiques de la race, auxquelles nous savons faire appel momentanément, quand il le faut, ne sont ni disciplinées, ni amplifiées par un entraînement rationnel. Nos efforts procèdent plutôt d'une tension nerveuse. Et il semble que l'éducation, en France, au lieu de réagir contre ces tendances ataviques, les ait étroitement épousées.

Notre enseignement, en effet, poursuit presque toujours un idéal d'ordre trop exclusivement intellectuel. Il vise à une culture élevée, reposant sur des sentiments de générosité, de droit et de justice. Mais la préparation à la vie pratique, l'adaptation aux difficultés de l'existence y sont trop négligées et pour ainsi dire inexistantes. Telle quelle, l'éducation française est bien loin de tendre au développement complet de l'individu. Elle a le tort d'être pour ainsi dire « double » : elle résulte de la superposition de deux enseignements. L'un, d'ordre purement cérébral et artificiel, exerçant surtout le côté mécanique de l'intelligence, la mémoire, à laquelle nous demandons d'enregistrer, de manière trop passive, des pensées et des jugements tout faits. L'autre, d'ordre empirique et pratique, que nous devons acquérir par nous-mêmes, et souvent à nos dépens, au contact même de la vie, sans que rien ne nous y ait préparés. Ces deux formes d'éducation successives ne devraient-elles pas cependant être dispensées simultanément et dès l'enfance, puisque l'une et l'autre sont indispensables à la vie réelle ?

En somme, l'éducation qui nous est donnée, d'un caractère trop exclusivement théorique, devrait, parallèlement aux études abstraites, être orientée vers la pratique de la vie et du monde modernes, au milieu desquels l'individu est appelé à évoluer et à agir dans son intérêt propre, en même temps que dans l'intérêt de la collectivité. La France de demain réclame impérieusement que chacun soit préparé à une vie mieux en rapport avec ses facultés personnelles et surtout avec sa destinée normale. Elle exige que l'éducation ne suive plus un plan purement idéal et uniforme, dont la poursuite ne mène à rien, tout en voulant mener à tout : mais qu'elle soit organisée en vue de faire des gens heureux dans leur situation, entraînés au travail et à la production intensive dont dépendra l'essor du pays.

Ainsi l'éducation serait ramenée à sa véritable fin, c'est-à-dire le développement intégral de toutes les facultés de l'individu, en vue de leur meilleur rendement, ainsi que de leur adaptation la plus parfaite au rôle que celui-ci devra jouer dans la vie.

Cette revue rapide et forcément succincte des traits saillants des différents caractères nationaux, en même temps qu'elle explique pour une part les originalités des différentes méthodes d'éducation, rend compte des résultats variés et souvent opposés auxquels ces méthodes ont abouti. Le choc des nations actuellement en lutte a certainement rendu plus saisissants, surtout plus tangibles, les avantages et les lacunes des différentes traditions pédagogiques. Aussi, en Angleterre et en Allemagne, se préoccupe-t-on déjà d'utiliser les enseignements reçus des faits actuels, pour remédier aux insuffisances constatées par des réformes qui s'imposent d'elles-mêmes. Il serait naturel que le même problème fût posé chez nous, dans toute son ampleur.

Chez les Anglais, comme on l'a vu, l'éducation physique et celle du caractère, auxquelles nos alliés doivent manifestement les belles qualités d'énergie et d'organisation que la présente crise a mises en valeur, avaient pour ainsi dire seules retenu l'attention, au détriment de l'instruction proprement dite. Cette lacune fut si vivement ressentie au cours des événements récents, tant dans la jeune armée que dans le pays tout entier, elle devint à ce point manifeste et indiscutable que tous les efforts des dirigeants tendirent immédiatement à y remédier.

Mais nous-mêmes, étions-nous préparés à supporter l'épreuve ? Les qualités d'endurance, de discipline, de continuité dans l'effort que la guerre réclame des masses militaires, ouvrières et agricoles, en avons-nous fait preuve ? Oui, sans aucun doute, puisque l'expérience de deux années et demie de lutte est là pour en justifier.

On n'insistera jamais trop sur l'héroïsme et l'abnégation avec lesquels notre race a consenti à tous les sacrifices et s'est ainsi sauvée elle-même : les hommes au front, repartant sans cesse à l'attaque avec une foi jamais démentie, et conservant une sorte d'humilité dans l'anonymat ; les femmes, les enfants, les vieux penchés sur le sillon, attachés à la moisson prochaine comme à un devoir sacré, tous sont également beaux !

Mais les événements ont-ils trouvé chez les dirigeants la méthode, la prévoyance, le sentiment de la responsabilité qu'ils exigeaient d'eux ?

L'éducation reçue préparait-elle le grand nombre à la forme scientifique, industrielle, économique et administrative qu'a prise la guerre moderne, ou ne sont-ce pas plutôt les événements qui firent notre éducation ? Les dirigeants aussi bien que la masse de la nation tenaient-ils de leur formation antérieure les qualités telles, qu'à l'appel de toutes les forces actives du pays, chacune jouât naturellement son rôle avec le maximum d'efficacité ? On peut en douter. Du fait qu'on s'est « débrouillé », pour employer un mot aujourd'hui usuel, afin de faire face à la tourmente, il ne faudrait pas cependant conclure que nous étions prêts à la dure vie des tranchées, ou à la mobilisation industrielle et agricole, pas plus que nous ne sommes prêts à la formidable lutte économique de demain.

Il résulte de ces diverses constatations que les deux éducations, française et anglaise, auraient un égal intérêt à se compléter, à se fondre. Encore cela seul ne suffirait-il pas : elles devraient viser à l'assimilation des qualités de labeur, de prévoyance et d'organisation pratique qui ont fait l'Allemagne moderne ou les États-Unis d'Amérique.

Plus précisément, et pour résumer, en ce qui nous concerne, sur quels points particuliers doit porter notre effort éducateur ?

En premier lieu, culture physique, avec entraînement progressif et continu : c'est là la meilleure école de l'endurance et de la discipline.

Secondement, développement de l'énergie morale par un dressage de la volonté entraînant avec lui ordre, initiative, sentiment du devoir, responsabilité, continuité dans l'effort et confiance en soi.

Enfin, exercice simultané de l'intelligence, mais avec la préoccupation constante de former le jugement et d'inculquer surtout à l'enfant le goût de l'étude et du travail, le sentiment de la méthode, ainsi que le désir du perfectionnement.

Les mêmes principes nous paraissent devoir être appliqués aux divers degrés de la hiérarchie sociale, aussi bien aux garçons qu'aux filles : mais pour la masse de la nation, il faut en plus une instruction technique et pratique bien spécialisée suivant l'orientation professionnelle de chaque individu dans la vie.

III. — LA CULTURE PHYSIQUE

ÊTRE un bon animal est la première condition du succès. Être une nation de bons animaux est la première condition de la prospérité nationale. » Cette formule un peu brutale d'Herbert Spencer (1) dit le fait : il faut exister et résister pour produire, tant intellectuellement que matériellement. Ne négligeons pas la plante dans la seule pensée de la fleur. Pour l'amélioration de la race, les sports pratiqués en plein air représentent vraiment la vie entrant à flots dans les poumons. Le surmenage qu'entraîne, à tous les degrés sociaux, la vie moderne, n'a pas de meilleur correctif. Le délassement par le sport rétablit l'équilibre dans les facultés humaines. L'éducation des sens, la souplesse musculaire, l'adresse manuelle dégrossissent l'instrument de production qu'est le corps et facilitent l'apprentissage professionnel. Voilà une série de vérités trop peu contestables pour que nous nous y arrêtions. Il sera plus opportun d'insister sur la valeur de la culture physique comme éducatrice des qualités d'action.

« Pour que le jeu porte tous ses fruits, il faut savoir jouer. Pour que l'exercice physique soit bienfaisant, il faut qu'il soit réglé : discipline et entraîne-

(1) HERBERT SPENCER, *De l'Éducation intellectuelle, morale et physique* (p. 233). — F. Alcan, éditeur.

ment sont affaires d'expérience. Mais, pour gagner de l'expérience, il faut de la ténacité, de la persévérance, il faut vouloir. Laissons donc la nature se développer à l'aise : nos collégiens, nos jeunes gens apprendront ainsi à vouloir ; ils apprendront la discipline librement consentie et l'habitude de l'effort prolongé sans danger de surmenage. Assouplir, fortifier, endurcir l'animal : voilà l'éducation physique (1). » L'exercice de volonté et de discipline inhérent à tout entraînement physique, que M. Max Leclerc rappelle dans ces lignes, apparaît nettement dans chacune des deux formes d'entraînement que comporte l'éducation physique : culture corporelle individuelle, et sports en commun.

La culture corporelle proprement dite a pour objet de développer les différentes parties du corps, d'amplifier la puissance respiratoire, la force musculaire, d'affirmer la souplesse. La marche, la course, le saut — le grimper, le lever, le lancer — la boxe et la canne en constituent la base. Lorsque cette culture est entreprise par l'individu isolé, elle exige une singulière dépense d'énergie. Il faut alors s'astreindre à un entraînement régulier, détaillé et parfois monotone. Les résultats sont lents ; quand ils sont acquis, il faut les conserver ; quelques déboires sont forcément inévitables ; puis, quand le cycle des exercices progressifs est achevé, il faut le reprendre par le commencement. Mais cette même tension de volonté peut être obtenue plus aisément par des mouvements d'ensemble, lors

(1) MAX LECLERC, *L'Éducation des classes moyennes et dirigeantes en Angleterre* (p. 42). — Librairie Armand Colin.

même qu'ils sont imposés : or l'exercice d'ensemble est le plus facilement réalisable à l'école. Sérieusement conduits, ces exercices doivent susciter chez la plupart le goût de la santé, de l'adresse, des lignes corporelles, et la volonté se laisse éveiller par le goût de l'entraînement.

Les sports en commun ont une plus grande vertu éducative encore. Le football, le cross-country, le rallye-paper, la natation, l'aviron, dès qu'ils sont pratiqués par équipes ou par camps, ont cette supériorité de nécessiter un commandement, la soumission à ce commandement, l'initiative de chacun orientée vers le succès commun, bref une discipline. Le camping, avec la préparation des repas en plein air, apprend à se débrouiller : il peut préparer à certaines formes de la guerre moderne et éveiller la passion des voyages, voire des explorations lointaines auxquelles notre domaine colonial et le monde entier laissent encore un si large champ ouvert. Il n'est pas exagéré de penser que la rapidité avec laquelle la jeune armée anglaise s'est organisée, et la solidité dont elle a fait preuve dès le début, s'expliquent en grande partie, non seulement par l'état de préparation physique où se trouvait la jeunesse du pays, mais encore par l'habitude du commandement, de l'obéissance, de la cohésion, qu'avait créée la vie d'équipes.

Ce serait d'ailleurs une grosse erreur que de croire que l'application et le succès des formes rationnelles de l'entraînement physique nécessitent des prédispositions ataviques. L'éducation physique en Angleterre a abouti sans aucun conteste à une amélioration de la race, ainsi qu'à un changement profond dans certains aspects du caractère britannique. Mais cela n'est le résultat ni d'habitudes séculaires et héréditaires, ni d'un privilège ethnique. Les principes de la pédagogie sportive, dans la fixation desquels l'Angleterre a eu une si grande part, sont au contraire relativement récents. Ce fut l'initiative individuelle de Thomas Arnold, vieille tout au plus de soixante-quinze ans, qui, du collège de Rugby, devint le point de départ d'une révolution complète dans l'éducation anglaise. Et il ne semble pas que la manière d'être antérieure de nos voisins permît de présager l'énorme succès et les indiscutables résultats pratiques que devait obtenir la propagande nouvelle. Puisque nous disposons d'aussi précieux éléments que l'Angleterre d'alors, voyons ce que l'on a fait chez nous et ce qu'il reste à y faire.

L'éducation physique est loin d'être inexistante en France. Elle y a même réalisé, dans les quinze à vingt dernières années, des progrès très considérables. Qu'il suffise de rappeler l'œuvre accomplie par Pierre de Coubertin (1), véritable initiateur de la France à la culture athlétique, depuis la constitution, sous son impulsion, en 1888, du « Comité pour la propagation des exercices physiques », connu également sous le nom de « Comité Jules Simon », du nom de son pré-

---

(1) PIERRE DE COUBERTIN, *Les Batailles de l'Éducation physique. — Une campagne de vingt et un ans (1887-1908)*. — Librairie de l'*Éducation physique*, 76, avenue de Suffren.

sident. Le grand homme d'État et académicien, bien qu'alors déjà touché par l'âge, comprenait de suite l'importance de la réforme et employait toute son énergie à la propagation des idées nouvelles dans nos écoles. Puis l'on vit successivement s'organiser l' « Union des Sociétés de Gymnastique » ; l' « Union des Sociétés Françaises de Sports Athlétiques », laquelle devint une véritable fédération de tous les groupements sportifs et donna au sport français son statut et son code ; les « Sociétés de Sport Populaires », avec leur diplôme de « débrouillards » ; les « Boy-Scouts » ; les « Bataillons Scolaires ». Les Jeux Olympiques, reconstitués en 1896 sous l'influence française, ont été une révélation pour beaucoup : ils ont fait apprécier nos champions et nos qualités sportives dans le monde entier. L'Ecole d'athlètes de Reims, due à l'initiative du marquis de Polignac, et qui se propose la propagation des méthodes d'entraînement du lieutenant de vaisseau Hébert (1), pour être la dernière, n'est pas la moins intéressante des manifestations de l'intérêt porté dans notre pays à la renaissance physique. Enfin une nouvelle étape allait être franchie en 1914, avec la création de collèges d'athlètes régionaux destinés à la formation de moniteurs instruits selon les mêmes méthodes.

Telle quelle, l'œuvre accomplie chez nous est déjà imposante. Mais, il faut bien le dire, elle n'atteint

(1) GEORGES HÉBERT, *L'Éducation physique ou l'entraînement complet par la méthode naturelle. — Guide pratique d'Éducation physique.* — Librairie Vuibert.

guère que les grandes villes, et encore dans une mesure insuffisante. Il n'est pas sans intérêt de faire remarquer que c'est justement à partir du moment où l'enfant entre à l'école que son développement physique est chez nous le plus négligé. Jusqu'à cinq ou six ans, les mères de famille ont le constant et très louable souci de faire respirer le plus possible leurs enfants au grand air. Puis, dès l'entrée à l'école, c'est la claustration, tout au moins dans les grandes villes, et le manque d'oxygène dans les salles d'étude. L'effet salutaire du grand air, sur les jeunes classes appelées au front à la sortie de leurs études, s'est d'ailleurs manifesté en général d'une façon très heureuse pour la santé et le développement physique des jeunes gens. En fait donc, la masse de la nation n'a pas été touchée. D'intéressants projets sont, il est vrai, à l'étude. Plusieurs sénateurs ont récemment déposé une proposition de loi, objet d'un rapport de M. Chéron, tendant à établir la préparation militaire obligatoire pour tous les jeunes Français à partir de seize ans. Ce serait très bien, mais ce ne serait pas encore assez. Pour aboutir à des résultats sérieux, il faut prendre l'enfant de très bonne heure, et développer son corps par l'attrait du jeu. M. Painlevé, alors ministre de l'Instruction publique, annonçait bien, le 30 juin 1916, à la tribune du Sénat, qu'un projet d'ensemble d'éducation nationale était en préparation dans ses bureaux. Si ce projet doit jamais voir le jour, souhaitons qu'une large place y soit faite aux suggestions suivantes.

L'éducation physique doit se faire autour de

l'école, dans les cadres mêmes de l'école. Elle doit faire obligatoirement partie des horaires et de l'emploi du temps de toutes les écoles publiques et privées. Suivant l'âge, mais à partir de 6 ou 7 ans, une demi-heure à une heure par jour doit être consacrée à la gymnastique d'ensemble et aux exercices musculaires en plein air. Puis, une ou deux fois par semaine, ces exercices doivent être remplacés par une séance de sports en commun, accompagnée, dans la mesure du possible, de soins d'hygiène et de propreté, bains, douches et massages. Tout ceci doit, bien entendu, être pratiqué avec mesure et dosé d'après l'âge, le sexe et la force de chaque enfant. L'assistance de médecins doit être assurée pour fixer la nature et le degré d'entraînement qui convient à chacun, et éviter certains excès de fatigue susceptibles de porter le plus grand tort à la cause de l'éducation physique dans l'opinion publique.

La crainte que la passion du sport nuise à l'ardeur aux études pourrait être dissipée par le système que voici. Ceux des exercices qui constituent le minimum d'entraînement nécessaire devraient rester ouverts à tous, aux mauvais comme aux bons élèves : sauf à réserver à ces derniers les plus attrayants. Les exercices au contraire qui prennent plus particulièrement la forme du jeu pourraient n'être accessibles qu'à ceux qui auraient satisfait à leurs devoirs d'élèves. Le sport deviendrait ainsi un stimulant au travail. Le temps limité que nous avons demandé pour la pédagogie sportive ne porterait d'ailleurs aucune atteinte sérieuse à la durée des cours. Il pourrait être pris, au moins pour une part, sur le temps des récréations et sur les jours de congé hebdomadaires.

Ce programme si simple ne sera toutefois réalisable, il n'aboutira rapidement à un résultat tangible, que si deux conditions essentielles sont réunies : la formation des instituteurs aux nouvelles méthodes de culture physique, et la création de terrains de jeu à proximité de chaque école.

La préparation de l'instituteur à l'enseignement sportif doit se faire dès l'école normale. Des moniteurs sortant des collèges d'athlètes auront pour mission de porter l'entraînement des futurs instituteurs à un degré tel que ceux-ci soient à même de transmettre à leurs élèves les règles et les bienfaits de l'éducation corporelle, dont ils auront acquis eux-mêmes l'expérience personnelle et le goût. Que si l'instituteur devait être débordé par cette tâche nouvelle, ne pourrait-il, dans une certaine mesure, recourir à l'instruction des plus jeunes par les élèves les plus sérieux des classes supérieures ?

Mais pour atteindre le but d'intérêt général que nous poursuivons, c'est au cœur même du pays qu'il faut frapper : chaque village, chaque commune, chaque bourg, chaque quartier doit avoir son terrain d'entraînement et de jeu. Rien de commun avec la cour de nos collèges ou le préau de nos écoles primaires : mais deux ou trois hectares à proximité, avec les accessoires voulus, mis sans réserve à la disposition des enfants et des jeunes gens. Y aurait-il à cela d'insurmontables obstacles financiers ? Une loi peut fixer par avance les conditions auxquelles chaque commune recourrait valablement à l'expropriation pour cause d'utilité publique. L'acquisition des terrains, à mettre à la charge soit des communes, soit de l'État, soit des deux, pourrait être accompagnée de la faculté de se libérer en dix ans. Et pour qu'il ne soit pas porté une atteinte trop grave au principe de la juste et préalable indemnité, ne pourrait-on décider la remise au propriétaire exproprié d'un certificat négociable productif d'intérêts, et susceptible notamment de faire l'objet d'avances de la part de la Banque de France ou du Crédit Foncier, jusqu'à concurrence d'une partie importante de sa valeur nominale ? Cette faculté de règlement par annuités lèverait, comme on le voit, bien des difficultés, puisqu'elle se ferait sans obérer brusquement les finances de l'État.

Dotée de tels cadres et de tels instruments, la culture physique ne saurait manquer de donner en France, et très rapidement, les résultats escomptés, tant au point de vue de la solidité corporelle que de la vigueur du caractère. Mais on peut voir plus loin et espérer davantage.

Il n'y aurait aucune bonne raison pour réserver à la seule jeunesse scolaire les terrains et les accessoires acquis principalement pour elle. Ces terrains seraient vraiment la chose de tous dans la commune. Il conviendrait que le goût du plein air, pris à l'école, persistât chez l'adolescent et chez l'homme fait. Les modestes associations sportives scolaires auront grandes chances de se survivre au sortir même de l'école. On voit dès lors les avantages de toutes sortes susceptibles de résulter de la pratique de ces groupements. Développement de l'esprit d'association et de coopération tout d'abord. Puis, pour peu que des matchs intercommunaux ou intercantonaux s'organisent, résurrection du sentiment de la petite patrie, nouvel attrait donné à la vie rurale, contribuant à retenir à la campagne beaucoup de jeunes gens pris aujourd'hui de l'ambition d'émigrer vers les villes.

Le sport populaire pourrait rendre d'autre part d'incalculables services dans la lutte contre l'alcoolisme. Il ne suffit pas toujours de supprimer ; il est quelquefois plus aisé de remplacer. Les matchs et le terrain de jeu feront une sérieuse concurrence au cabaret : d'autant plus que les règles de tout entraînement prescrivent l'usage limité des boissons alcooliques, une nourriture saine et aucun excès. Les ménages ouvriers ne pourront en retirer que des économies.

La vie sportive généralisée, ce serait aussi un commencement d'union sociale dans une communauté de goût. Les matchs dominicaux entre associations sportives de corporations différentes, entre ingénieurs, mineurs, employés de banques, fonctionnaires, entraîneraient des habitudes de camaraderie, fourniraient l'occasion de mieux se connaître et de mieux s'estimer. Une grande famille sportive se constituerait, fondée sur les mêmes affinités : les barrières sociales, politiques, confessionnelles, s'y trouveraient renversées.

Le besoin de sports en commun, contracté dès la première jeunesse, ne constituerait-il pas par la suite le trait d'union naturel et tout particulièrement désirable entre les jeunes Français qui s'expatrient aux colonies ou à l'étranger ? Les Anglais et les Allemands ont su faire de leurs sociétés sportives de véritables instruments d'expansion économique. Au lieu de se jalouser et de disperser leurs forces, sans aucun profit pour la mère-patrie, nos compatriotes à l'étranger trouveraient dès leur arrivée, dans la coopération sportive, le point de départ d'une coopération orientée vers d'autres buts.

Enfin la préparation militaire de l'adolescence, dont on se préoccupe à juste titre, serait considérablement facilitée et écourtée par les qualités de souplesse, de résistance et de discipline acquises dès l'enfance. La vie à la caserne gagnerait en hygiène et en agrément à une vie d'équipes spontanément organisée. La valeur militaire des réserves s'en trouverait aussi accrue.

IV. — LA FORMATION DU CARACTÈRE

Est-ce l'effet de cette illusion tenace de l'imagination qui nous porte inconsciemment à grandir les êtres et les choses que le temps recule dans nos souvenirs ? Toujours est-il que l'impression nous gagnait, avant la guerre, que ces types d'hommes au caractère trempé, à la conduite rectiligne et ferme, soucieux avant tout de l'honneur, privé ou professionnel, pleins du sentiment d'un devoir souvent difficile à accomplir, tels enfin que nos souvenirs et une histoire proche encore en conservent l'image, devenaient plus rares parmi les générations contemporaines. La vie extérieure s'était à ce point uniformisée, tout, le vêtement, le logement, l'ameublement, l'emploi du temps, les distractions, les snobismes eux-mêmes avaient pris une telle monotonie, les situations sociales s'édifiaient ou s'écroulaient avec une telle rapidité parmi une demi-aisance généralisée, les liens personnels se nouaient et se brisaient avec tant de légèreté, les convictions sincères et durables se faisaient si rares, l'éducation commune était devenue si parfaitement niveleuse, que la société paraissait s'enliser dans la banalité. Mais la guerre est venue, et avec elle les sursauts d'énergie, l'exaltation des qualités profondes de la race, le réveil de la force d'âme. Puissent les méthodes d'éducation nationale profiter à l'avenir d'un tel bienfait, rendu plus précieux encore par tant de souffrances et de deuils !

Le caractère est la synthèse des qualités morales et d'action. C'est la vigueur du caractère qui fait les hommes forts : volonté, énergie, initiative, ordre et sentiment du devoir, acceptation des responsabilités, continuité dans l'effort et confiance en soi, telles sont les qualités qu'il faut s'attacher à développer.

« Il importe bien moins d'instruire l'esprit que de construire l'âme, de la construire saine, vigoureuse, résistante, capable d'effort et d'attention, joyeuse de son énergie ; de lui apprendre l'obéissance, la fierté, la tenue ; de l'adapter entièrement, pour une certaine fonction, à la société où elle a sa place ; de la dresser suivant les lignes et les axes qui feront son style ; bref de produire des créatures humaines de valeur, c'est-à-dire belles, vigoureuses, efficaces (1) ».

L'unanimité est faite sur cet axiome que c'est par le caractère, plus encore que par l'intelligence, que l'on réussit dans la vie. Tout succès normal ne résulte que du plus ou moins d'énergie appliquée au travail et à l'action. On admet aussi que les diverses vertus dont la réunion fait les caractères résistants ne sont qu'applications particulières de la volonté : l'énergie n'est que volonté accumulée ; l'ordre est volonté ; la fidélité au devoir est volonté ; l'initiative est un acte de confiance dans sa propre volonté ; la confiance en soi n'est que l'expérience de la volonté. « Dans la volonté

(1) *La Pensée de Ruskin*, par ANDRÉ CHEVRILLON (p. 160). — Hachette, éditeur.

réside la dignité et la grandeur de l'homme. Elle permet de triompher de tout et de lui-même, à tel point qu'avec du caractère, fût-on d'intelligence médiocre, on réussit toujours. Avec de l'énergie, il n'est rien qu'on ne puisse atteindre (1) ».

La formation du caractère apparaît ainsi comme étant avant tout une éducation de la volonté : car la volonté s'acquiert ou s'inculque ; une fois acquise, elle se discipline et s'organise. « Le tout, dit avec justesse M. Max Leclerc, n'est pas de vouloir, mais de vouloir avec suite ». D'autre part, l'étendue du champ de la volonté dépend du but utile et moral qu'on aura su lui proposer.

Enfin personne ne conteste que l'éveil de la volonté doive se faire dès l'enfance, et que les soins à donner pour la fortifier doivent s'exercer tant positivement que négativement. Positivement, par la provocation de toutes les circonstances de nature à exciter la volonté, et négativement, par l'élimination de toute influence néfaste susceptible de ralentir le développement des facultés d'action.

Malheureusement, une fois ces principes admis, les méthodes à proposer pour leur mise en œuvre manquent de précision. Nous ne prétendons pas à dresser ici un plan complet et uniforme d'éducation du caractère. Cette éducation est aussi complexe que la nature humaine ; ses formes doivent être, au moins dans le détail, souples et diverses comme les caractères eux-mêmes. Voici toutefois quelques suggestions très

(1) Paul Gaultier, *La vraie Éducation* (p. 182). — Hachette, éditeur.

générales susceptibles de fournir un cadre aux initiatives individualisées des éducateurs.

On ne nous contredira pas si nous avançons que les qualités de caractère ne s'imposent pas. La contrainte ne peut jouer en cette matière qu'un rôle très limité, au delà duquel elle devient nuisible. Ce qu'il faut éveiller chez l'enfant, c'est le goût du vouloir, la jouissance éprouvée dans la difficulté vaincue. Mais on ne peut obtenir ce résultat que par une suggestion constante des faits et par le maintien de l'enfant dans une ambiance de volonté. N'oublions pas que l'homme est avant tout un être d'habitude. « L'enseignement a pour but de former des manières d'agir et de penser, et de fortifier ces manières en habitudes, afin de réaliser une meilleure adaptation de l'individu à son milieu (1) ». Selon la formule chère au Dr Gustave Le Bon, ce qu'il faut dans la formation du caractère, c'est « faire passer le conscient dans l'inconscient ». L'idéal serait que le vouloir devienne très vite une manière d'être habituelle, et à la longue un besoin impérieux. L'ordre est susceptible de se transformer en habitude, car il engendre une satisfaction dont l'attrait finit par se substituer à l'effort de volonté consciente que nécessite sa réalisation. L'angoisse qui accompagne la prise d'une initiative, l'acceptation d'une responsabilité, chez celui qui n'a pas appris à vouloir, se change en une jouissance spéciale chez qui a pris l'habitude d'oser et de tenter. La continuité dans l'effort peut,

(1) A. BINET, *Les Idées modernes sur les enfants* (p. 6). — E. Flammarion, éditeur.

elle-même, pour celui chez qui elle est passée à l'état d'habitude, se teinter d'un amour-propre qui devient une des pièces maîtresses du caractère.

Le milieu où évolue l'enfant doit donc être organisé de telle sorte que chaque détail y soit un appel à la volonté. Le sens de l'effort naîtra à la vue de l'effort, par l'expérience même de l'effort ; le courage d'aller au-devant de la lutte naîtra de la conviction d'une nécessité de la lutte, et aussi d'un trop-plein d'énergie physique ou morale à dépenser.

En ce qui concerne ce dernier point, nous avons montré précédemment comment la culture physique, par la dépense de volonté patiente qu'elle exige et par les satisfactions qu'elle procure, développe déjà le caractère et lui donne l'occasion de se révéler ; comment la pratique des sports en commun, par la discipline qu'elle impose, amène l'homme au point où cette qualité est joyeusement appliquée à d'autres buts, pour peu que la nécessité d'autres efforts soit par ailleurs démontrée et leur connaissance donnée à temps. Nous n'y reviendrons pas.

Tout bien pesé, il ne semble pas qu'il y ait de meilleure méthode à préconiser, pour placer l'enfant dans un milieu éducateur de sa volonté, que le contact direct avec la vie elle-même. « L'école ne vaut que comme préparation à la vie. Tout enseignement est vain qui reste verbal, car le verbalisme n'est que du symbolisme et la vie n'est pas une parole (1). » La vie est

____

(1) A. BINET, *Les Idées modernes sur les enfants.* (p. 6). — E. Flammarion, éditeur.

une lutte : il convient de n'en pas isoler l'enfant.

A ce point de vue, l'éducation à la campagne se montre très supérieure à l'éducation dans les grandes villes. La vie des champs, à condition qu'on la fasse toucher du doigt dans ses travaux obstinés, s'affirme par elle-même éducatrice du caractère. Le contact journalier avec les ouvriers des champs, avec les artisans, est pour l'enfant une leçon de choses constante. Il apprend de bonne heure à apprécier les efforts que réclame la vie de chaque jour. La guerre n'a-t-elle pas mis en relief d'éclatante façon les magnifiques qualités de résistance et d'énergie patiente que le rural acquiert au contact de la terre ? Les qualités natives du paysan persistent d'ailleurs chez lui, lors même qu'il change de milieu et s'élève dans la vie sociale : il demeure généralement un homme de réalisation.

Il y aurait donc un intérêt évident à ce que l'école, à tous ses degrés, demeurât le plus possible en dehors des grandes cités, où le caractère des enfants n'a que très peu à apprendre et beaucoup à perdre. L'exemple des collèges anglais pourrait être invoqué à cet égard. Quelques tentatives d'écoles à la campagne ont bien été réalisées chez nous, dans ces dernières années, telles l'école des Roches, l'école de Normandie, l'école de Liancourt. Mais ces essais sont encore trop restreints. Il ne suffirait d'ailleurs pas que l'école fût située à la campagne, car cela ne présenterait d'intérêt que pour la santé des élèves. Le contact direct avec les travaux agricoles et même dans une certaine mesure la participation à ces travaux seraient à préconiser.

Malheureusement, là-même où les conditions requises se trouveraient naturellement réalisées, c'est-à-dire dans notre école primaire de village, la nature et la conception de l'enseignement aboutissent parfois à détruire chez l'enfant le culte de la terre et à le détourner de l'orientation professionnelle qui devrait être normalement la sienne. L'ambition qu'il devrait avoir de continuer l'exploitation agricole de ses parents, en y améliorant les méthodes de culture et le rendement de la terre, se trouve trop souvent combattue par le goût d'une vie différente, d'apparence plus facile, que fait naître en lui l'enseignement de connaissances générales incomplètes.

Lorsque le transfert de l'école à la campagne est matériellement impossible, serait-il utopique de demander à l'initiative privée, ou même à l'administration publique, de porter l'école primaire à proximité même de l'usine, de l'atelier, de la vie active ? Quelle meilleure préparation à l'effort que le spectacle continuel de la ruche au travail ?

La vie de tranchées a mis en évidence les avantages innombrables que peuvent retirer tous les milieux sociaux d'un rapprochement et d'une certaine communauté d'existence. On se connaît mieux, on s'apprécie plus exactement, en raison même du partage des dangers, des misères, aussi bien que des aspirations et des joies. N'y aurait-il pas le plus grand intérêt à ce que ce contact, après la guerre, ne fût pas rompu?

Il est vrai que les fils d'une même génération se coudoieront désormais davantage grâce aux matchs interlocaux ou interscolaires dont nous avons réclamé l'organisation sur une grande échelle. Mais il faudrait de plus que les jeunes gens des villes soient mêlés aussi étroitement que possible, non seulement à la vie rurale, mais à la vie de travail sous toutes ses formes : notamment par des visites périodiques, prévues aux programmes officiels et intelligemment commentées, d'usines, de centres agricoles, d'installations maritimes, de chantiers de construction, d'ateliers de toutes sortes, ainsi que de laboratoires, d'écoles d'apprentissage professionnel ou technique. Le choix d'une carrière s'en trouverait sans aucun doute facilité et rendu plus spontané.

Enfin, pourquoi l'éducation de demain, celle même des classes dites dirigeantes ou intellectuelles, ne comprendrait-elle pas, comme le réclamait Jean-Jacques Rousseau, et comme l'avait décidé Jules Ferry, l'enseignement d'un métier éducateur ? Le travail manuel ne permettrait plus aux ressortissants des professions libérales d'ignorer les efforts et les énergies dépensés par le monde ouvrier, que beaucoup de dirigeants ne connaissent jusqu'ici que sous la forme de rapports électoraux. L'adresse ainsi acquise ne serait inutile à personne, ni superflue en aucune circonstance. Et ne serait-ce pas le moyen de remettre en honneur le travail manuel, tout en rapprochant des milieux différents ?

D'une façon générale, il serait avantageux pour

la formation du caractère que fût réduit, sinon le temps des études générales et théoriques, du moins le temps où ces études ne s'accompagnent d'aucune initiation professionnelle. Taine était dans le vrai, lorsqu'il regrettait « les innombrables impressions sensibles que le jeune homme reçoit tous les jours à l'atelier, dans la mine, au tribunal, à l'étude, sur le chantier, à l'hôpital, au spectacle des outils, des matériaux et des opérations, en présence des clients, des ouvriers et du travail, de l'ouvrage bien ou mal fait, dispendieux ou lucratif », impressions qui se font aujourd'hui beaucoup trop attendre. « De tous ces contacts précieux, de tous ces éléments assimilables et indispensables, le jeune Français est privé, justement pendant l'âge fécond ; sept ou huit années durant, il est séquestré dans une école, loin de l'expérience directe et personnelle qui lui aurait donné la notion exacte et vive des choses, des hommes, ainsi que des diverses façons de les manier (1) ». Une expérience précoce des choses professionnelles, outre qu'elle révèle à l'adolescent le côté sérieux de la vie, lui enseigne le prix du travail, la valeur de l'effort, lui donne le sens de la mesure dans les décisions et de la responsabilité dans l'action.

Il n'est pas de petits moyens pour créer autour de la jeunesse une atmosphère de volonté. L'exemple de la volonté doit lui être offert par tous les sens. L'image, certaines maximes nettes et bien choisies,

(1) TAINE, *Les Origines de la France contemporaine. — Le Régime moderne* (T. II, p. 276).

mille fois répétées, peuvent, par une vision journalière, agir comme une suggestion continue. Dans cet ordre d'idées, il serait simple et peu coûteux d'avoir dans les salles, dans les corridors des écoles primaires ou des lycées, toute une série d'affiches, de tableaux ou de frises peintes rappelant d'une manière artistique, frappante et persuasive, tout ce qu'on attend de l'enfant : la propreté, l'ordre, la discipline, la maîtrise de soi, le sentiment du devoir et de l'honneur personnel, le respect de sa liberté et de celle de son voisin, cette « respectability » que les Anglais ont su porter à un si haut degré, et d'une façon plus générale, le souci de la valeur professionnelle, les nécessités de notre expansion commerciale, l'accroissement de notre marine marchande, l'augmentation de la production rurale, minière, industrielle et coloniale.

Ce serait un moyen entre plusieurs de faire comprendre à l'enfant qu'il se doit à son pays, et qu'il lui doit non seulement le sacrifice de sa vie — ce qu'il fait aujourd'hui si généreusement et si naturellement — mais que, même en temps de paix, il n'aura pas le droit d'être un « inutile », et qu'il lui incombe pour sa part de contribuer à la grandeur du pays par son intelligence et son travail.

Tout, et les livres de prix, et les discours officiels, et les recueils de lectures, et les leçons d'histoire contemporaine, doit concourir à rendre toujours présentes à la mémoire des enfants, et pour ainsi dire constamment placées sous leurs yeux, les idées de patrie et de famille, mais accompagnées de cet acte de volonté que patrie et famille soient toujours plus grandes, plus florissantes, plus respectées.

Il va sans dire que tout ceci resterait vain sans une transformation profonde de l'opinion publique. C'est un nouveau type d'homme à proposer comme idéal à l'âme française. C'est tout un esprit à refaire.

En premier lieu, certaines manifestations de notre esprit de famille, en particulier dans la bourgeoisie, paraissent devoir être combattues. Peut-être l'égoïsme familial n'est-il qu'un des aspects du problème de la natalité en France, ainsi que de celui de notre insuffisante expansion dans le monde. En tout cas les répercussions en sont manifestes. Il ne faut plus que la famille continue à élever l'enfant jalousement pour elle seule, mais bien en vue de sa vie propre, de sa carrière, de son métier futur. L'enfant doit être humain et généreux : mais tout en développant chez lui la sensibilité et le sentiment, il faut éviter de se réjouir d'une sensiblerie peu compatible avec les idées d'action. Au lieu de restreindre constamment l'initiative chez l'enfant, et d'assimiler trop facilement l'enfant volontaire au mauvais sujet, les parents doivent au contraire stimuler et inculquer de bonne heure le désir de se rendre indépendant, de pouvoir se suffire à soi-même.

Puisqu'il nous faut des hommes n'hésitant pas dans les circonstances graves de la vie, n'oublions pas que pour se conduire seul, il faut avoir appris dès l'enfance l'usage de la liberté et savoir agir selon sa conscience. Ceci dépend surtout des parents. « On donne à l'enfant anglais confiance en lui-même, en le livrant de bonne heure à ses propres forces ; on fait naître ainsi chez lui le sentiment de la responsabilité en lui laissant, une fois prévenu, le choix entre le bien et le mal. S'il fait le mal, il supportera la peine de sa faute, ou les conséquences de son acte (1) ».

Mais ce serait une singulière illusion que de croire que l'internat tel que nous le pratiquons réponde à ces exigences. La vie mécanique de l'internat, où tout est prévu, réglé et imposé d'autorité, est une médiocre école d'initiative. Plus que partout ailleurs le contact y est supprimé avec la vie. Nos jeunes gens sont jusqu'à 17 et parfois 19 ans encasernés, soumis à un règlement uniforme et automatique, sans cesse placés devant la contrainte aveugle. Puis, brusquement, sans transition, après le baccalauréat, on les lâche dans une vie dont ils ignorent tout, où ils se grisent de l'orgueil des premières indépendances, trébuchent souvent et parfois se blessent.

Les Anglais ont, au contraire, adopté un système de vie en commun par petits groupes habitant chez un professeur. Là, les enfants participent à la vie de famille, mais avec une certaine règle de vie et des obligations de tenue qui les préparent à la vie sociale, en même temps qu'elles leur évitent les faiblesses ou les lacunes qu'ils rencontrent assez souvent chez eux. Cette solution semble en tout cas préférable, si on la juge par les résultats.

(1) MAX LECLERC, *L'Éducation des classes moyennes et dirigeantes en Angleterre* (p. 31).

LA FORMATION DU CARACTÈRE

Toujours en vue de préparer l'enfant à la liberté, ne pourrait-on lui laisser, tout au moins en ce qui concerne l'étude de certaines matières, un peu de liberté quant au choix du moment où il travaillera, quant à la forme qu'il donnera à son travail, quant à la fantaisie dont il pourra faire preuve dans le choix de ses sujets de prédilection ? — Et pour le « contraindre à l'initiative », pour lui donner confiance en lui-même, n'est-on pas fondé à souhaiter qu'une place plus considérable soit faite, dans nos exercices scolaires, aux travaux personnels nécessitant la recherche et la réunion de documents épars, et surtout aux expositions orales devant les condisciples ?

Pour habituer l'enfant à se passer de sa famille, pour développer son caractère, rien ne vaut les voyages, les séjours à l'étranger, où seul, livré à lui-même, il sera déjà obligé de faire acte d'homme. Rien ne mûrit le jugement comme l'observation d'habitudes ou de vies différentes. Je me rappellerai toujours qu'étant avec mon père dans la gare de Glasgow, il y a vingt-cinq ans environ, je vis approcher de notre compartiment un jeune garçon âgé de huit ans tout au plus, conduisant une petite fille plus jeune encore, sa sœur probablement. Comme mon père voulait aider la fillette à monter dans le compartiment, son frère se retournait aussitôt, fier et calme. Tout dans sa physionomie disait : « Est-ce que je ne suis pas là ? » — Il savait déjà ce qu'est la responsabilité. Or combien voyageraient seuls, à cet âge, chez nous ?

En dehors de la famille, le redressement de notre

esprit public pourrait dépendre, dans une large mesure, d'une orientation nouvelle donnée à la presse, à la littérature, au théâtre. Il y aurait toute une mode nouvelle de vie et d'éducation à lancer. Il y aurait un type de héros romanesque à populariser : garçon énergique, réussissant dans la vie par son énergie, marin, colon, ingénieur ou explorateur, tirant de son énergie à la fois des satisfactions personnelles et la considération du pays. Combien de jeunes garçons de tous les milieux se trouveraient ainsi acheminés vers la vie active, par des exemples appropriés !

On est en droit d'espérer qu'une éducation conduite selon ces grandes lignes nous débarrasserait de ces êtres timorés, énervés par un travail cérébral exclusif, recherchant seulement dans une administration et dans le fonctionnarisme l'abri assuré contre tous les risques et toutes les responsabilités. Nous connaîtrions alors une génération d'hommes forts, disciplinés, confiants en eux-mêmes, et en fait plus heureux. Plus heureux parce qu'ils trouveraient une joie dans leur équilibre moral : au lieu qu'une demi-instruction à prétentions encyclopédiques, boursouflée et creuse, engendre trop souvent une jalousie stérile et le mécontentement de soi. Ces hommes seraient forts contre le sarcasme et la critique qui, chez nous, font choir tant de bonnes volontés naissantes : car ils auraient le sentiment de leur force, en ayant été, pour une bonne part, les artisans. On peut tout attendre des forts, parce qu'ils savent se maîtriser avant que de commander.

V. — L'INSTRUCTION A SES DIVERS DEGRÉS

Le salut de la vie économique du pays dépend —
nous avons suffisamment insisté sur ce point —
— d'un accroissement dans la productivité de chacun
de ses habitants. L'instruction par suite doit être
orientée vers une préparation aussi directe et aussi
rationnelle que possible à l'activité professionnelle
et productrice. Il ne doit y avoir aucune solution de
continuité entre l'instruction proprement dite et
l'enseignement technique, pas plus qu'entre l'enseignement technique et le métier. Au sortir de l'école,
l'adolescent doit pouvoir rendre des services pratiques
immédiatement appréciables ; il ne doit pas avoir
besoin de faire sa rééducation psychologique à un
milieu nouveau, dont il ignorait tout. En un mot,
l'école ne saurait être, sans préjudice permanent pour
la nation, une serre chaude entièrement close destinée
à une culture théorique intensive, abstraite, uniforme
et désintéressée, mais plutôt comme la voie d'accès à la
vie, c'est-à-dire à l'atelier, à la mine, à la banque, au
commerce, aux champs, à la mer, suivant des directrices sans cesse rectifiées selon le sens et l'intensité
du courant des besoins économiques locaux, régionaux
ou nationaux. Le maître ne doit pas considérer l'enfant comme un être amorphe, identique à lui-même

aux quatre coins de la France, partout également susceptible de recevoir la même nourriture spirituelle, sous une forme pour ainsi dire figée. Pour être révolutionnaire ou napoléonienne, la conception actuelle de l'instruction n'en est pas moins fausse et économiquement ruineuse.

Il est bon de savoir beaucoup. Mais il est difficile, jeune, de savoir beaucoup et bien. Mieux vaut donc savoir relativement peu, mais avoir bien appris le peu que l'on sait, c'est-à-dire l'avoir assimilé vraiment et en avoir constitué un fonds inébranlable sur quoi pourront s'édifier solidement tous les enrichissements futurs. Autrement dit, ce que l'on est en droit de demander à l'instruction, c'est avant tout la formation du jugement, beaucoup plus que l'hypertrophie de la mémoire. Instruire, c'est proprement construire l'armature de l'esprit, autour de laquelle viendront s'agréger, à leur heure, les connaissances complémentaires. Instruire, c'est surtout apprendre à apprendre.

On ne voit pas, dans ces conditions, qu'une surcharge de la mémoire, par un intensif enseignement livresque et mnémotechnique, puisse suppléer à de bonnes habitudes de jugement. L'effort de mémoire qu'on peut demander à de jeunes cerveaux est quasiment illimité : mais outre qu'avec un abus de ce procédé on obtient des générations de lymphatiques et d'anémiés, il est douteux qu'on aboutisse par là à la création d'une jeunesse vraiment armée pour lutter et produire. La pure mémoire des faits et des choses n'aboutit encore qu'à des représentations inexactes, que l'expérience, au prix d'une perte de temps, est appelée à corriger. La seule mémoire des idées générales est pire, parce que, privées des expériences personnelles qui les vérifient ou les controuvent, les idées générales deviennent des idées généralement fausses, qui font les déclassés, les déracinés, les révoltés ou les pédants. Les examens, les diplômes, dès qu'on en fait des solennités redoutées, pour ainsi dire obligatoires, tombant à échéance fixe, dégénèrent, à l'égard du maître, en pierre de touche de la valeur de son enseignement, et à l'égard des élèves en une préoccupation trop exclusive : le résultat en est que les uns et les autres font porter sur la mémoire un effort que l'éducation du jugement mériterait à meilleur titre.

Il est cependant moins intéressant et moins avantageux pour l'équilibre mental d'être capable de retrouver séance tenante, dans ses souvenirs, la réponse verbale et toute faite à de multiples questions, que de posséder de bonnes méthodes de travail, d'investigation et de classement : savoir où sont les sources de renseignements, comment grouper les renseignements trouvés, puis les ordonner autour des difficultés essentielles, c'est une science qui, étant donnée l'innumérabilité des connaissances humaines actuelles, suffit à faire des savants.

De même que pour la formation du caractère, nous ne voyons pas de meilleure méthode, pour la formation du jugement, que le contact aussi étroit que possible avec la vie. L'instruction doit être largement expérimentale et réaliste. Elle doit comporter, principalement dans les classes primaires, un commentaire intelligent de la vie telle que l'enfant la vit et est normalement appelé à la vivre dans son milieu. Il faut donner à l'enfant, chaque fois que cela est possible, une impression pour ainsi dire physique des difficultés qu'il sera appelé à rencontrer et à vaincre. Dans ce but, ne convient-il pas d'utiliser, et même de provoquer, les petites expériences personnelles au sortir desquelles l'élève saisira le rapport des objets et des faits, tel que le professeur l'énonce ? Nous n'entendons pas du tout qu'on élimine systématiquement de l'enseignement tout ce qui pourrait donner à la jeunesse la curiosité ou le goût de milieux différents, mais il est normal de développer en premier lieu la connaissance et l'amour du milieu où l'on a le plus de chances de vivre. A cet effet, on doit utiliser ce qui tombe sous le sens des enfants, et faire en sorte que, contrairement à ce qui se pratique aujourd'hui, l'enseignement remonte de la réalité à l'abstraction.

C'est à ces seules conditions que le jeune homme, au sortir de sa période d'étude, évitera la sensation, que nous avons tous connue, d'entrer dans un monde ignoré, mais éprouvera au contraire celle de retrouver quantité de choses et de figures déjà familières, dont il connaissait par avance les rapports essentiels. Certain alors de pouvoir tirer rapidement parti de ses connaissances, il s'épargnera à lui-même, ainsi qu'au pays, toute perte d'intelligence, d'enthousiasme, d'énergie et de temps également précieux à tous deux.

Tels nous paraissent être, dans leurs grandes lignes,

les principes hors desquels l'instruction, à tous ses degrés, ne saurait rendre dorénavant les services que le pays attend d'elle. Mais notre enseignement officiel ou libre répond-il à ces données ? Il a certainement encore beaucoup à faire dans la voie indiquée. On attendrait peut-être de nous que nous proposions un plan complet de réformes scolaires, avec programmes et horaires détaillés. Nous préférons toutefois laisser aux personnes autorisées, qui voudront bien nous accompagner dans l'ordre général de nos préoccupations, le soin de signaler par le menu les lacunes de notre enseignement et de proposer des réformes exactes. Mais il est certain que si l'on fait à la culture physique, à la formation du caractère et du jugement, la place que nous réclamons pour elles, un allègement des programmes s'imposera. D'autre part, une répartition nouvelle des diverses matières, une pédagogie appropriée, des cours pratiques, des exercices spéciaux seront indispensables. Nous avons déjà proposé, en parlant de l'éducation des caractères, une série de mesures qui peuvent être à deux fins et utilisées pour une instruction adéquate, tant ces questions sont connexes. Nous nous contenterons donc de quelques suggestions complémentaires, aussi bien en ce qui concerne l'enseignement supérieur ou secondaire qu'en ce qui concerne l'enseignement primaire.

****

L'enseignement universitaire supérieur a donné à la France l'élite intellectuelle dont elle s'enorgueillit.

Notre pays possède beaucoup de gens très intelligents et cultivés, beaucoup d'érudits et de savants, et c'est tant mieux. Nous ne pensons pas, en effet, qu'il faille arbitrairement réduire toute instruction à un enseignement pratique et utilitaire. Il est bon qu'un pays ait des penseurs voués à la pensée, des artistes consacrés à leur art, et que sa formation générale lui permette de les suivre dans leur pensée et dans leurs œuvres. Le prestige du pays, son lustre spirituel, son rayonnement au dehors y gagnent sans conteste : peut-être même aussi le rendement de ses industries, quoique d'assez loin. Mais ce qui est beaucoup moins opportun, c'est que l'idéal de l'homme vivant de pensée pure fascine à tel point tout le monde universitaire, que l'instruction soit conçue, du haut en bas de son échelle, comme si elle s'adressait à un peuple de futurs académiciens.

« Quelque importante que puisse être la culture esthétique, rappelle opportunément H. Spencer, elle doit céder le pas aux sortes de cultures qui ont un rapport direct avec les devoirs journaliers de la vie. La littérature, les beaux-arts ne peuvent exister qu'en vertu des activités qui font que la vie sociale existe, et il est manifeste que la chose rendue possible vient après la chose qui la rend possible. Un horticulteur cultive une plante pour sa fleur, mais il attache du prix aux feuilles et aux racines, parce qu'ils sont les agents de production de la fleur (1) ».

(1) HERBERT SPENCER, *De l'Éducation intellectuelle, morale et physique* (p. 61). — F. Alcan, éditeur.

En fait, nos Universités, l'Ecole de médecine mise à part, font de la culture purement académique. A moins qu'ils ne se destinent au professorat, le licencié ès lettres, le licencié en droit, le licencié ès sciences lui-même arrivent à 23 ans, après le service militaire, sans aucune valeur professionnelle précise. Il leur faut alors commencer l'apprentissage d'une carrière, à un âge où l'on n'a plus la souplesse d'un apprenti. Qu'arrive-t-il ? C'est que sur le contingent des 6.000 à 8.000 (1) jeunes gens qui sortent annuellement des Facultés, ceux qui n'ont pas leur situation toute faite dans la succession paternelle, ou qui ne versent pas dans le fonctionnarisme, végètent et vont grossir le nombre des vagues intellectualisants, qui produisent très peu

(1) Voici, pour mémoire, comment se répartit actuellement notre population scolaire :

38.396 étudiants français, dont 2.556 jeunes filles, étaient inscrits aux cours des Facultés, en 1913 : ce qui correspond à un afflux annuel de 6.000 à 8.000 étudiants, plusieurs d'entre eux étant inscrits à plusieurs Facultés à la fois.

D'autre part, nos grandes écoles instruisaient à ce moment 3.000 sujets, ce qui représente un afflux annuel d'environ 1.400 étudiants, dont un quart seulement recevaient une instruction technique supérieure.

En ce qui concerne l'enseignement secondaire, 140.000 jeunes gens et jeunes filles fréquentaient les lycées, collèges communaux et cours secondaires, tant en France qu'en Algérie. Sur ceux-ci, 40.000 en chiffres ronds suivaient les classes primaires ou enfantines, et 100.000 seulement les cours secondaires proprement dits. Le contingent annuel de l'enseignement secondaire se trouvait ainsi être de 15.000 sujets environ ; 7.573 diplômes de bachelier avaient été délivrés.

Par contre, les écoles primaires, publiques ou privées, instruisaient en 1913, tant en France qu'en Algérie, environ 5.573.000 enfants ; sur un afflux annuel de 800.000 garçons et filles répartis à peu de chose près par moitié entre les deux sexes, il a été délivré dans les écoles publiques 120.000 certificats d'études aux garçons et 100.000 aux filles ; sur un total de 57.708 élèves fréquentant les écoles primaires supérieures en 1913, il est sorti 12.600 garçons et 7.757 filles.

dans un pays qui, cependant, manque d'éléments producteurs : avocats innombrables, pourchasseurs d'assurances, hommes d'affaires indécises, journalistes, politiciens et sous-préfets, tous vivant au dehors de la masse agissante et créatrice. Que de temps et de forces perdues ! L'enseignement supérieur normal ne devrait-il pas être un enseignement technique ? Les Facultés des sciences pourraient ainsi s'adjoindre non seulement des laboratoires, mais des instituts de technique industrielle, avec stages à l'usine. Les Facultés de droit devraient fusionner avec des instituts pratiques de droit ou de hautes écoles commerciales, avec stages obligatoires à l'étude, au palais, à la banque, à la compagnie de transports. La voie d'accès aux hautes spéculations scientifiques n'en resterait pas moins ouverte, mais en même temps l'on récupérerait une bonne part du déchet laissé annuellement par notre enseignement supérieur.

*
* *

Que l'enseignement secondaire, tel qu'il est organisé chez nous, s'occupe avant tout de culture générale et des humanités, cela n'a rien que de très logique et de très défendable. Son rôle est de préparer à la culture générale plus élevée dispensée dans les Facultés des lettres, ainsi qu'à l'enseignement technique supérieur que devraient donner, non seulement les grandes Écoles, mais les autres Facultés spécialisées. On peut considérer comme acquis que la culture classique donne par elle-même à l'esprit des qualités de fond, dont les grands capitaines de l'industrie ou du commerce peuvent par la suite tirer le meilleur parti. Il est même fort possible que la tentative de spécialisation de l'instruction secondaire, en vigueur depuis une dizaine d'années, n'ait abouti qu'à une régression de la culture générale des lycéens, sans préparer suffisamment à l'enseignement technique.

Mais si la fonction de l'enseignement secondaire est de préparer à l'enseignement supérieur, elle doit être réduite à cela. Proposer comme activité à la jeunesse, de 13 à 17 ans, l'obtention du baccalauréat est une lourde erreur d'éducation. Le baccalauréat par lui-même ne signifie rien : avec un peu de travail, de mémoire et de patience, n'importe quel sujet y parvient. Et pourtant, combien profondément le préjugé du baccalauréat n'est-il pas ancré dans les classes dirigeantes et dans la petite bourgeoisie ! « Je veux que mon fils soit au moins bachelier, après il fera ce qu'il voudra ! » Le baccalauréat comme but unique doit être à jamais banni de l'ambition des parents. Il y a autre chose et mieux à proposer à la jeunesse, et surtout de plus utile au pays.

Il faut absolument débarrasser nos lycées et nos collèges de la masse de sujets, pas nécessairement médiocres, mais doués pour d'autres travaux, que l'on s'acharne à y conserver sans aucun profit jusqu'au baccalauréat. « Conduisez l'homme et le cheval à l'abreuvoir : qu'ils boivent s'ils veulent et quand ils veulent. L'enfant qui sent le besoin de culture en recevra le bienfait, mais celui qui s'en approche avec dégoût ne saurait qu'en être dégoûté » (1), dit fortement Ruskin. Combien ne serait-il pas plus avantageux d'orienter les réfractaires, après une solide instruction primaire ou primaire supérieure, vers une instruction plus spécialisée et pratique, au sortir de laquelle ils seraient déjà d'honorables professionnels pouvant se suffire à eux-mêmes, à l'âge où d'autres ne sont encore que des étudiants.

Il importe de détruire dans l'opinion publique cette idée fausse qu'un jeune homme qui n'est ni bachelier, ni licencié, ni diplômé des hautes écoles, se trouve dans un état de grave infériorité pour la réussite de sa vie professionnelle. Cette soi-disant infériorité n'existe pas, si l'on a soin de placer l'enfant, dès après le certificat d'études, ou pendant son instruction primaire supérieure, dans le milieu professionnel qui doit être le sien. « Heureux l'homme qui a trouvé son travail et qui l'a trouvé dès sa jeunesse », pensait très justement Carlyle. Le succès d'une carrière exige, on ne saurait trop le répéter, l'assimilation intime d'une foule de notions de détail, un certain façonnement de l'individu tout entier dans ses habitudes et ses réflexes. Il y a donc un véritable avantage à ce que cette pénétration de l'ambiance se fasse dès l'enfance, à un âge où l'esprit est encore malléable, doué d'une réceptivité infinie, et où le caractère se plie aux besognes les plus infimes sans rien perdre de son enthousiasme. Une telle formation, pour peu qu'elle soit soutenue par une

(1) RUSKIN, *Fors Clavigera*, lettre 95.

bonne instruction primaire supérieure ou par un enseignement technique post-scolaire, peut porter des sujets de valeur aux plus hautes situations.

Carnegie, qui juge parfois à faux en ce qui concerne nos sociétés européennes, ne fait qu'exagérer lorsqu'il affirme que, pour réussir, les jeunes gens « doivent entrer dans la lutte à l'âge le meilleur pour apprendre, entre quatorze et vingt ans. Un diplômé qui s'engage dans les affaires à vingt ans n'a guère de chance contre le garçon qui a balayé le bureau ou qui a commencé à quatorze ans comme employé aux écritures » (1).

Ce n'est d'ailleurs pas seulement l'intérêt bien entendu des enfants qui exige que tout ce qui n'est pas apte à la culture supérieure et à la haute technique soit canalisé vers un apprentissage précoce. L'intérêt national ne l'exige pas moins : en face de la pénurie d'hommes et probablement la diminution générale de population dont nous allons souffrir, obtenir de la jeunesse un rendement précoce, sans nuire à sa formation professionnelle, équivaudra à une économie de plusieurs centaines de milliers de travailleurs.

Ces considérations montrent l'importance de la sélection à opérer parmi les élèves des établissements secondaires, et l'étendue du rôle que peut jouer à cet égard le personnel administratif et enseignant.

Il semble tout d'abord que ne devraient être admis aux cours secondaires proprement dits, c'est-à-dire aux classes de sixième, que les enfants ayant satisfait

____

(1) ANDREW CARNEGIE, *l'Empire des Affaires* (p. 115). — E. Flammarion, éditeur.

aux épreuves du certificat d'études. Combien en est-il qui passent de classe en classe, toujours en queue, encombrant inutilement les collèges, et alourdissant la progression des études, parce qu'aucune élimination sérieuse n'est opérée. C'est dès la première année, ou au plus tard au cours de la deuxième année des cours secondaires, que les maîtres devraient discerner les aptitudes de leurs élèves et surtout avoir en mains les moyens efficaces pour les orienter. L'aveuglement des parents paralyse très souvent l'initiative des professeurs en cette matière. Dans cette œuvre, toute de discernement et d'analyse psychologique, l'administration scolaire devrait, semble-t-il, se tenir aux côtés du maître pour appuyer ses décisions.

Il dépend encore des maîtres, à défaut des parents, d'attirer sans cesse l'attention de l'enfant sur le choix d'une carrière et de faire naître le plus tôt possible de véritables vocations professionnelles. La moitié des bacheliers ignorent encore de quel côté ils se tourneront : d'où des hésitations, des faux départs, des volte-face qui représentent une perte sèche. Des entretiens périodiques sur les carrières, leur avenir, leur accessibilité, leurs exigences, les obligations et les devoirs qui y sont attachés, seraient cependant parfaitement à leur place dans tous les établissements d'instruction et en particulier dans les lycées. Qu'on ne dise pas que l'État n'a rien à voir dans cette affaire. La guerre, par les insuffisances qu'elle a révélées dans le nombre de notre personnel technique et dans nos industries les plus essentielles, a montré qu'une répartition des étu-

diants et apprentis plus conforme aux besoins variables de l'économie nationale, est d'un intérêt public
primordial. Le choix d'une carrière ne doit plus être
uniquement une affaire de goût individuel : il prend
actuellement le caractère d'un devoir social. Il incombe
donc à l'État, au courant de l'évolution des besoins
économiques, de proposer à la jeunesse, par l'entre-
mise du personnel enseignant, les formes d'activité
professionnelle les plus appropriées. Si notre production agricole et notre élevage doivent être accrus ; si le
développement de la marine marchande est devenu
une nécessité ; si nos industries chimiques, minières et
tant d'autres doivent être intensivement développées ;
si l'expansion commerciale s'impose ; si la mise en
valeur de nos colonies importe à la métropole, c'est
dès l'école qu'il faut le dire et le répéter, tout en montrant la voie à suivre pour répondre aux appels du
pays. Ces directions, d'ailleurs, ne doivent pas être
immuables, mais doivent suivre de près l'incessante
évolution économique de la nation.

Il appartient enfin aux maîtres de combattre sans
relâche les opinions courantes qui ont jeté le discrédit
sur toute une catégorie de professions. Si nous n'en
sommes plus à la vieille distinction des métiers nobles
et roturiers, le préjugé s'est cependant implanté dans
nos mœurs d'une sorte d'aristocratie de l'intelligence
spéculative. D'où une attirance exagérée vers les fonctions dites libérales, plus hautement prisées parce que
restant en dehors de tout ce qui est commerce. Il ne
faudrait cependant pas laisser préjuger du monde des

affaires français sur le vu de certaines exceptions, **pas** plus que les étrangers n'ont le droit de nous juger sur notre théâtre et certaine littérature. Il conviendrait donc que l'école contribuât à rétablir la vérité, car toute activité justifie un orgueil professionnel, lorsqu'elle est sainement productive pour l'ensemble **du** pays.

*
* *

Nous avons malheureusement une tendance, **en** France, quand nous nous occupons d'éducation, **à** tout vouloir ramener à l'enseignement secondaire ou supérieur. L'état des choses, au lendemain de la guerre, nous contraindra cependant à déplacer sensiblement le centre de gravité du problème. C'est aux classes moyennes et surtout au peuple qu'il faudra faire le plus largement appel, en vue d'une restauration économique. Il y aura à cela plusieurs raisons péremptoires.

Question de nombre tout d'abord : non pas que le nombre des travailleurs — préjugé très répandu — soit par lui-même le facteur déterminant de toute production intensive, mais parce qu'une plus grande production dépend dans une très large mesure du nombre des bons ouvriers, instruits et entraînés, destinés à encadrer la masse des ouvriers non qualifiés. Donnez à des troupes frustes, molles, inconscientes, ou bien méfiantes, inquiètes et rebelles à toute discipline, le plus brillant état-major, celui-ci ne les conduira pas à la victoire. Or les bataillons économiques de demain n'auront pas besoin seulement de chefs éprouvés ; il leur faudra aussi des troupes solides, et surtout un corps de sous-officiers pleins d'entrain. Quelques milliers de techniciens très distingués, formés chaque année dans nos grandes écoles, ne sauraient suppléer au demi-million d'ouvriers d'élite, masculins et féminins, que la population française peut offrir chaque année au grand œuvre de la production, si toutefois on a su les y préparer.

Question de valeur intrinsèque ensuite. Certes, la transmission héréditaire, de père en fils, en même temps que de la propriété ou de la direction des entreprises, des expériences, de la connaissance intime des hommes, des lieux et des marchés, peut aboutir à la constitution de lignées d'hommes d'affaires remarquables. Mais le cas est rare. En fait, l'hérédité professionnelle dépasse rarement la deuxième génération. La concentration industrielle, et subséquemment la forme collective toujours plus généralisée des entreprises, demandent un personnel dirigeant sans cesse renouvelé ! Où le trouver, si ce n'est dans la classe moyenne ou dans le peuple ? Là est le grand réservoir des forces fraîches, là se fait sentir la plus grande volonté d'arriver, toute avance représentant un gain : au contraire l'habitude du confort, de fausses conceptions sociales, l'emprise jalouse de la famille parfois, mettent le fils de famille, si une vigoureuse éducation de son caractère n'y fait pas contrepoids, dans un état d'infériorité indiscutable, malgré toutes les facilités et les aptitudes héréditaires dont il semblait devoir tirer avantage.

L'élite intellectuelle de la France, si elle n'a pas eu, au cours des cinquante dernières années, une action bien nette sur les destinées économiques du pays, semble, au contraire, avoir exercé une véritable fascination sur tout ce qui se pique de penser et de guider la pensée. Le culte de la pensée spéculative a ainsi dégénéré en un intellectualisme de qualité inférieure, et l'enseignement populaire a été conçu et réalisé comme un abrégé de culture supérieure et encyclopédique. Il n'y a, en effet, entre les divers ordres de nos enseignements, pas d'autre différence qu'une différence de degré, alors qu'il devrait y avoir une différence de nature. La nourriture intellectuelle convenant à un enfant du peuple a été considérée comme devant être la même que celle qui réussit à de futurs philosophes, avec la quantité et la qualité en moins. Abstraction a été faite des milieux sociaux, des destinations probables. L'instruction populaire s'est réduite, ou, si l'on veut, s'est enflée à la proportion d'une quintessence abstraite et uniforme, destinée à servir de viatique à tout être humain. Ne semble-t-il pas, en tout cela, qu'on ait eu peur de faire injure aux intéressés en les rappelant aux réalités de leur propre existence quotidienne ?

Certes, personne ne niera qu'un minimum de connaissances générales essentielles doive se trouver à la base de l'instruction primaire : lecture, écriture et orthographe, les quatre opérations de calcul, la règle de trois, l'évaluation des surfaces usuelles, ainsi que la pratique du dessin, que malheureusement beaucoup trop ignorent encore aujourd'hui. Ceci posé, il importe de répéter que l'instruction doit être plastique, adaptée aux circonstances, qu'il lui incombe de dégager aux yeux des enfants l'intérêt caché dans toutes les fonctions sociales et de leur montrer que chaque fonction est susceptible de progrès. Un certain localisme, un certain régionalisme dans l'instruction, s'ils parviennent à éviter la désaffection de l'individu pour le métier de ses pères et son déclassement sous l'influence de formules incomplètes, s'ils réussissent à stabiliser les populations, à enrayer la désertion des campagnes, n'auraient vraiment rien de commun avec le rétablissement de quelque servitude professionnelle. D'autant plus que, selon nous, un enseignement post-scolaire, principalement technique, doit élargir les vues professionnelles du travailleur, accroître sa valeur, et partant faciliter son accession à des fonctions sociales plus élevées.

L'adaptation de l'école primaire au caractère économique de la localité ou de la région peut se faire par le mode de présentation de l'enseignement, par le choix des exemples, des dictées, des lectures, des problèmes de calcul, des dessins, tirés de la vie locale. La leçon de choses doit tenir une place plus considérable et s'inspirer de ce que les enfants voient ou peuvent facilement voir autour d'eux. Les programmes, la répartition des matières même ne doivent pas demeurer rigides, mais subir certaines adjonctions ou allègements selon les besoins des professions dominantes dans la contrée.

Mais c'est surtout par l'introduction du principe de l'enseignement par la manipulation que l'instruction primaire répondra à notre vœu. A cet égard les États-Unis et la Suisse nous donnent un exemple à méditer. L'école, dans ces pays, est pour ainsi dire transformée en un véritable atelier. Le dessin, le mesurage, le pesage, l'expérimentation, le travail sur bois, la mécanique sont pratiqués directement par l'enfant sous la surveillance du maître. L'enfant apprend en agissant. L'acte physique précède ou accompagne l'acte de la pensée. L'enseignement allie l'effort musculaire à l'assimilation des idées. Les cours proprement dits, d'importance assez réduite, préparent, accompagnent ou confirment les études pratiques de laboratoire et d'atelier (1).

Nous ne pensons pas qu'un tel système soit intégralement applicable chez nous. Il est extrêmement dispendieux, et la charge financière qu'il représente excéderait nos ressources budgétaires. Mais il y a là un esprit dont il convient de s'inspirer. De plusieurs côtés on demande que l'âge de fin d'études primaires soit porté à 14 ans. Effectivement, dans la plupart des grands pays, la durée des études élémentaires est plus longue que chez nous. A notre sens, le principal intérêt d'une prolongation des études primaires serait précisément de permettre l'extension des travaux pratiques dont nous venons de parler. Les deux dernières années de scolarité primaire devraient en réalité

(1) OMER BUYSE, *Méthodes américaines d'Éducation générale et technique.* — Dunod et Pinat, éditeurs.

être particulièrement réservées à ce genre de travaux. Le terme de préapprentissage fait aujourd'hui fortune, bien que la chose soit d'une définition encore peu nette par rapport à l'apprentissage lui-même. Sans faire dégénérer l'école primaire en une simple école de préapprentissage, nul doute qu'une plus large part faite chez elle aux travaux individuels d'exécution manuelle n'établisse une soudure fort utile entre l'école et l'apprentissage proprement dit.

Il ne semble pas toutefois qu'on puisse exiger des paysans qu'ils sacrifient jusqu'à 14 ans la valeur pécuniaire que représentent pour eux les bras de leurs enfants. La prolongation de la scolarité primaire ne saurait donc être envisagée comme une mesure uniforme. A la campagne, l'obligation ne devrait porter que sur la fréquentation, après le certificat d'études, de cours agricoles saisonniers, dont nous aurons occasion de reparler à propos de l'enseignement technique.

Si nous réclamons que l'école populaire soit vraiment l'organe éducateur d'un milieu économique, d'une cité, d'une région, nous verrions par contre maint avantage à ce qu'elle cesse d'être cloisonnée selon les conditions sociales ou de fortune, et à ce que l'école primaire, publique ou privée, devienne obligatoire pour les enfants de toutes classes. Les États-Unis s'en trouvent fort bien et la Prusse, politiquement encore féodale à plus d'un égard, vient, en pleine guerre, d'adopter des mesures se rapprochant de ce système. Judicieusement organisée, cette institution pourrait avoir l'avantage de réduire l'enseignement secondaire à ses exactes proportions, et de donner de bonne heure nombre d'expériences utiles à la formation du caractère, par le coudoiement journalier des enfants de toutes conditions.

**
**

La plus grande force des armées, dit-on, après la discipline, est la solidité des cadres subalternes. Contremaîtres, chefs d'équipes, chefs de services, représentants ne font pas moins la force des entreprises. C'est à un enseignement primaire supérieur, suivi ou accompagné d'un enseignement technique facilement accessible, qu'il faut les demander. Nous avons beaucoup à faire dans cette voie, puisque nous estimons indispensable qu'il passe chaque année de l'école primaire à l'école primaire supérieure un contingent de 30.000 à 40.000 jeunes gens (8 à 10 % du contingent primaire), au lieu des 12.600 qui actuellement prennent ce chemin (1). Ce chiffre se grossirait d'ailleurs des sujets éliminés de l'enseignement secondaire.

Mais le principal effort ne devrait-il pas porter sur l'orientation à donner à ces écoles ? En fait, celles-ci sont surtout des pépinières de fonctionnaires subalternes. Leur caractère de préparation immédiate à un certain enseignement technique moyen devrait être considérablement accentué. Des sections commerciales industrielles, agricoles existent déjà dans nombre de ces écoles. Il s'agit de renforcer cette conception, de

(1) Statistiques officielles, année 1913.

limiter le complément de culture générale donné par ces écoles, et d'étendre au contraire les études théoriques et les travaux pratiques susceptibles d'une utilisation professionnelle immédiate dans la généralité des professions industrielles, ou commerciales, ou agricoles. Suivie d'un enseignement technique secondaire, une telle instruction pourrait fournir des techniciens d'une réelle valeur pratique.

Il semble notamment que, sans pratiquer une spécialisation excessive, les sections commerciales de ces écoles suffiraient à donner au commerce nombre d'employés utiles, à condition qu'elles comprissent dans leur programme une série de matières d'un usage général et courant dans la vie d'affaires : géographie commerciale, pratiques commerciales, technologie industrielle sommaire, droit usuel, comptabilité, sténo et dactylographie, enfin deux langues vivantes. Ce dernier point est d'une importance capitale. Nous souffrons dans tous les milieux d'une ignorance grave en ce qui concerne les langues et les pays étrangers. Ce n'est pas seulement le commerçant, pour visiter ses clients étrangers ou tenir correspondance avec eux, l'industriel pour faire des enquêtes sur place, le savant, l'homme d'État, le financier, le littérateur, le médecin, l'avocat qui tireraient un inestimable parti de la connaissance approfondie de deux langues vivantes au moins ; ce sont aussi de nombreux contremaîtres, pour aller au loin monter des machines, installer des usines, organiser des exploitations, c'est une armée de voyageurs et d'employés établis à l'étranger, qui doivent

5

parler couramment, en plus de l'anglais, qui ouvre l'immensité des pays anglo-saxons, l'allemand, l'espagnol ou le russe, l'italien ou l'arabe. Si nous parvenons à obtenir ce résultat, nous aurons en mains une arme irrésistible de conquête économique.

Les cours d'instruction primaire supérieure dureraient 3 ans au maximum, de telle sorte que vers 16 ou 17 ans le pays puisse disposer d'une pléiade de jeunes gens susceptibles, soit de subir un enseignement technique d'un degré plus élevé et fortement spécialisé, soit de rendre des services immédiats dans les affaires, tant en France qu'au dehors.

*
* *

Nous ne voudrions pas quitter ce chapitre de l'instruction sans dire un mot d'un problème complexe, mais qui nous paraît devoir appeler une solution urgente. Il est d'ailleurs en rapport étroit avec notre préoccupation d'accroître la productivité générale par l'éducation. Nous voulons parler de l'instruction physiologique et de l'hygiène des deux sexes. Combien d'hommes et surtout de femmes traînent une vie misérable, pour n'avoir pas reçu en temps utile les notions indispensables à la conservation de leur santé ! Cet enseignement touche, il est vrai, à un sujet très délicat, puisqu'il confine à la morale ; mais le mal qui résulte de l'inaction du maître ou des parents est peut-être pire que tous les inconvénients mis en avant. Faute de ne pas parler ou de ne pas oser parler, on laisse le hasard faire son œuvre destructrice. Puisque dans la plupart des cas les parents ne savent pas ou savent mal ce qu'ils doivent dire à leurs enfants sur ces sujets, pourquoi ne pas faire traiter ces questions par des médecins autorisés, à un âge où les enfants seraient susceptibles de les comprendre avec profit ? Il est presque criminel, dans l'état actuel de la science, de ne s'occuper que de guérison, quand des indications préventives pourraient éviter le mal lui-même. D'autre part, que d'heures perdues en stérile travail d'imagination, sous l'obsession du mystère de la vie !

Ne devrait-on pas donner également à l'école une instruction sommaire et pratique de médecine courante ? La connaissance des premiers soins à donner à un malade ou à un blessé est pourtant indispensable à tout le monde. Il en est de même des soins à donner aux mères et aux nouveau-nés.

Il serait en outre à désirer que l'enseignement de la jeune fille comprît, en dehors de l'école ménagère, des notions essentielles de droit usuel et de comptabilité. Combien de femmes et malheureusement de veuves sont aujourd'hui exposées aux lacunes d'une instruction souvent plus brillante que solide !

VI. — L'ENSEIGNEMENT TECHNIQUE, INDUS-
TRIEL, COMMERCIAL ET AGRICOLE

Dans un pays comme la France, où la population professionnelle et active — industriels, négociants, agriculteurs — représente 48 % de la population totale, 18 millions d'individus sur 38 millions d'habitants, où le capital industriel s'élève à 96 milliards 700 millions de francs, où le capital agricole atteint 78 millards de francs, où les exportations se sont chiffrées en 1900 par plus de 4 millards de francs, l'Université ne peut se contenter de préparer les jeunes gens qui lui sont confiés aux carrières libérales, aux grandes écoles et au professorat ; elle doit les préparer aussi à la vie économique, à l'action (1). » Ainsi s'exprimait, il y a quinze ans, à la tribune du Parlement, M. G. Leygues, alors Ministre de l'Instruction publique. Il dénonçait ainsi le fait flagrant, qui est aussi une lourde erreur pratique, de l'énorme disproportion existant chez nous entre l'éducation économique de la race et son éducation esthétique, plus précisément entre son instruction technique et sa culture générale. Nous semblons, en effet, avoir relégué beaucoup trop loin, dans l'ordre de nos préoccupations politiques, les pro-

(1) Rapport de M. Astier, sénateur, sur la proposition de loi relative à l'organisation de l'Enseignement technique industriel et commercial, 1913 (p. 27).

blèmes d'économie pratique, alors qu'ils sont à la base de toute vie collective, famille, association, patrie. Nous considérions volontiers, avant la guerre, qu'un peuple grand par son intelligence ne doit en rien se laisser distraire des grandes questions artistiques, philosophiques, humanitaires ou sociales. Si justement soucieux que soit un pays de son élégante noblesse intellectuelle, il ne saurait oublier, sans risquer de subir le sort de la Grèce ancienne, que la puissance d'expansion morale de la nation repose, à la longue, sur des forces économiques d'une solidité à toute épreuve. D'autre part, la santé morale d'une race dépend, avec le temps, de l'équilibre qu'elle sait donner au développement de ses ressources de tous ordres, tant économiques que morales.

Quelques chiffres permettent de mesurer l'étendue de la lacune dont souffre la formation professionnelle du pays. Alors que, d'après le recensement de 1906, notre population agricole active comprenait en chiffres ronds 8.770.000 agriculteurs, nos établissements d'enseignement agricole de tous degrés recevaient seulement 3.225 élèves. En admettant même que depuis lors le nombre des élèves ait progressé jusqu'à 5.000, le résultat n'en est pas moins dérisoire.

Alors que le recensement de 1906 estimait la population industrielle et commerciale active à 9.300.000 individus, les établissements d'enseignement industriel et commercial relevant du ministère du Commerce n'étaient fréquentés et ne sont encore fréquentés que par une trentaine de mille d'élèves.

Dans cette dernière statistique officielle ne figurent pas, il est vrai, les écoles techniques privées, dont plusieurs ont une importance et une valeur certaines. Il conviendrait également d'ajouter au chiffre indiqué le total des élèves inscrits aux très nombreux cours professionnels complémentaires d'adultes existant en France. Mais ici l'on manque de chiffres rigoureusement précis : l'administration ne saisit par la statistique que ceux d'entre ces cours qui reçoivent une subvention de l'État ; les cours dus à la stricte initiative privée lui échappent. Il faut d'ailleurs tenir compte de ce fait que le nombre des inscrits représente facilement le double des élèves suivant assidûment les cours. De diverses estimations sérieuses qui ont été faites, et de nos propres calculs, il résulte que cette forme d'enseignement technique ne profite guère qu'à 50.000 personnes environ. Inutile de dire que la valeur, la durée et la continuité de cet enseignement sont très inégales, et que plusieurs des matières enseignées ne constituent qu'une instruction primaire post-scolaire. Enfin nos écoles primaires supérieures comprennent des sections industrielles, commerciales, voire agricoles, dont les élèves pourraient être comptés au nombre des personnes bénéficiant d'une instruction technique. Malheureusement ces écoles préparent aujourd'hui beaucoup plus de candidats aux carrières administratives que de recrues pour les professions industrielles, commerciales ou agricoles. Sur 55.000 jeunes gens et jeunes filles qui les fréquentent, c'est à peine si 7.350 figurent aux sections techniques. En mettant toutes choses au mieux, on peut admettre qu'en France, avant la guerre, 90.000 sujets au maximum recevaient, à un même moment, une certaine instruction professionnelle industrielle ou commerciale, ce qui représente par rapport à la population industrielle et commerciale active une proportion de 1 pour cent au plus. Il résulte des mêmes chiffres qu'il n'y aurait pas plus de 10 à 12 personnes sur 100, parmi les 9.300.000 individus adonnés au commerce et à l'industrie, qui aient préalablement reçu un enseignement technique plus ou moins consistant.

Il y a là un résultat qu'il ne faut pas méconnaître, et d'autant plus méritoire qu'il est souvent dû à la seule initiative privée. Son insuffisance toutefois, qui se démontre d'elle-même, apparaît plus clairement encore si on compare notre effort à l'effort allemand sur le même terrain. Pour une population industrielle et commerciale active estimée à 14.600.000 individus, l'Allemagne formait dans ses établissements d'instruction technique commerciale ou industrielle 375.000 élèves, soit une proportion de 2,5 %. Et encore ces derniers chiffres ne correspondent-ils plus à la réalité actuelle, car ils remontent à 1902 ! Le chiffre de 1913 approchait certainement de 500.000.

A moins de nier l'évidence, qui est qu'une instruction technique intelligemment partagée entre la théorie et l'exécution accroît dans de fortes proportions la productivité de tout travailleur quelconque, il faut convenir que la France risque de se trouver en état d'infériorité manifeste, au point de vue du rendement de son travail, précisément à l'heure où une après-guerre économique inévitable va contraindre la plupart des concurrents à suppléer au défaut de main-d'œuvre par l'utilisation scientifique des forces de travail.

Il y a donc urgence à agir ; mais, jusqu'ici, rien ou presque rien n'a été fait pour améliorer l'état de choses existant. Il semble cependant que sous la poussée des faits on veuille entrer dans la voie des réalisations. Le Parlement ne pouvait rester indifférent à une crise unanimement ressentie. Le 13 juillet 1905, M. Dubief, alors Ministre du Commerce, déposait un projet de loi assez étendu visant à réorganiser et amplifier l'ensemble de notre enseignement technique. M. Astier, alors député, rédigeait à son sujet, en 1909, un rapport considérable et très remarqué. Toute une série de propositions de loi ayant été entre temps déposées devant la Chambre, l'ensemble des textes soumis à cette assemblée fit l'objet d'un rapport très documenté de M. Constant Verlot, déposé le 20 décembre 1912 et repris le 5 juin 1914. Mais la Commission du commerce et de l'industrie ne retenait dans ses conclusions que le Titre V du projet gouvernemental de 1905, relatif à l'enseignement technique et à l'organisation de cours professionnels. Voilà où en était la question il y a très peu de temps encore ! Depuis, M. Astier a repris au Sénat le projet d'ensemble de M. Dubief, en y apportant certaines modifications, et il en a fait l'objet d'une nouvelle proposition, déposée le 4 mars 1913. Sur un rapport confié à l'auteur même de la proposition, le Sénat la vota récemment.

De son côté, l'enseignement agricole eut à subir de nombreuses vicissitudes : après la nomination d'une commission interparlementaire en 1905, avec mission d'étudier sa réforme, et d'une seconde commission en 1912, il faisait enfin l'objet, à la suite de plusieurs autres propositions, d'un projet de loi dû à l'initiative de M. Pams, alors Ministre de l'Agriculture. Sur un rapport considérable de M. Plissonnier, le projet a été voté à la Chambre et se trouve actuellement à l'étude au Sénat. N'est-on pas frappé, par ce simple exposé, des lenteurs regrettables que nous apportons presque toujours à la sanction des lois économiques les plus urgentes ?

Il paraît donc certain qu'une réforme de notre enseignement professionnel entrera en vigueur dans un avenir assez rapproché. Mais en admettant même que les divers projets actuellement en cours aboutissent pleinement, on ne saurait considérer l'œuvre accomplie comme suffisante et définitive. Il est à remarquer que ces projets ne constituent à proprement parler un plan d'action qu'en ce qui concerne l'apprentissage : le principe de l'obligation y est inclus et apporte par lui-même une garantie d'efficacité dans l'application de la loi. Mais pour l'enseignement technique industriel et commercial des degrés supérieurs à l'apprentissage, ainsi que pour l'enseignement agricole, les projets ne font guère que codifier les dispositions législatives éparses et déjà existantes : ils apportent un statut légal aux œuvres d'enseignement professionnel à venir, mais ils ne décident pas la création des institutions nécessaires, et surtout ils n'organisent pas les moyens pratiques destinés à rendre ces institutions fécondes. Du reste, parmi les écoles existantes, combien en est-il dont les programmes et le recrutement doivent être réadaptés aux besoins nouveaux, révélés par l'expérience ?

D'autre part, les projets actuellement pendants sont des projets spécialisés, alors qu'il nous faut une réforme d'ensemble, non seulement de tout l'enseignement professionnel industriel, commercial et agricole, mais encore de tout notre système national d'éducation. On ne saurait trop insister sur cette idée que l'organisation de l'enseignement technique, et surtout le succès de son recrutement et de son rendement, est en étroite dépendance de l'organisation de l'instruction générale. L'instruction technique ne doit être qu'une suite logique de l'instruction générale ; il doit y avoir passage sans heurt et sans solution de continuité de l'une à l'autre. L'école doit être le vestibule de l'institut technique et de la profession. Nous ne pourrons pas compter sur un développement sérieux de l'instruction professionnelle, tant que l'instruction générale n'acheminera pas à la profession.

Aucun programme d'améliorations à apporter à l'enseignement technique ne reposera sur un fondement solide, s'il n'est établi sur une classification rationnelle des divers degrés d'enseignement qu'exige l'organisation économique d'un pays, à un moment donné. Il doit, en effet, y avoir autant de natures et de degrés d'enseignement professionnel qu'il existe de fonctions dans la hiérarchie sociale du travail. L'instruction doit être adaptée au rôle que l'élève est appelé à jouer dans la hiérarchie des activités productrices. Or, ce rôle devant être radicalement différent selon qu'il participe de la direction ou de l'exécution à leurs divers échelons, l'instruction, pour être efficace et pratique, doit être différente.

A ce point de vue, il nous semble conforme aux faits et aux nécessités pratiques de distinguer quatre grandes classes parmi les fonctions productrices, classes ou degrés que l'on retrouve avec une symétrie approximative aussi bien dans l'agriculture que dans le commerce ou l'industrie :

De grands chefs d'entreprises, « capitaines » d'industries ou de maisons de commerce, directeurs de grandes exploitations agricoles.

Des directeurs d'usines, d'entreprises secondaires ou de filiales, chefs de services, ingénieurs spécialistes, fondés de pouvoirs dans les succursales, représentants, agents commerciaux, moyens propriétaires fonciers exploitants, gros fermiers.

Des contremaîtres, chefs de petites industries ou de petites exploitations, chefs d'équipes, chefs de rayons, voyageurs.

Des ouvriers ou employés de métier, des artisans habiles.

A chacun de ces groupes convient un enseignement

technique conçu selon des directrices originales. Voici, sous forme de tableau, quelle pourrait être, selon nous, la distribution de l'instruction professionnelle conforme à la réalité économique et sociale :

I **ENSEIGNEMENT TECHNIQUE SUPÉRIEUR** (Pour chefs de grandes entreprises, Directeurs de grandes exploitations agricoles).	Ecole Polytechnique (1). Conservatoire des Arts et Métiers. Ecole Centrale des Arts et Manufactures. Ecole des Ponts et Chaussées. Ecole des Mines. Ecole des Hautes Etudes Commerciales. Ecoles supérieures de Commerce. Institut agronomique, etc.
II **ENSEIGNEMENT TECHNIQUE MOYEN OU SECONDAIRE** (Pour Directeurs d'usines secondaires, Chefs de services, Ingénieurs spécialistes, Fondés de pouvoirs, Représentants, Agents commerciaux, Moyens propriétaires exploitants, Gros fermiers).	Ecoles d'Arts et Métiers (4 écoles). Ecoles d'Hydrographie. Ecole de Travaux publics. Ecoles Pratiques de Commerce. Instituts Techniques spécialisés. Instituts Universitaires (Lille, Nancy, etc.). Ecoles Nationales d'Agriculture (Grignon, Montpellier, Rennes). Ecole d'Agriculture Coloniale, etc.
III **ENSEIGNEMENT TECHNIQUE ÉLÉMENTAIRE OU PRIMAIRE** (Pour Contremaîtres, Chefs de petites industries ou de petites exploitations, Chefs d'équipes, Chefs de rayons, voyageurs).	Ecoles Nationales Professionnelles. Ecoles Professionnelles de la Ville de Paris. Ecoles spécialisées : horlogerie, brasserie, tissage, etc. « Instituts de métiers ». Ecoles Pratiques d'Agriculture. Ecoles Agricoles techniques spéciales : bergeries, laiteries, écoles d'aviculture, fermes-écoles, etc. Cours d'adultes.

(1) Bien que l'Ecole Polytechnique soit surtout une école militaire et que l'Ecole des Ponts et Chaussées prépare aux fonctions de l'État, nous avons tenu à les faire figurer ici en raison du nombre d'ailleurs restreint de leurs élèves qui entrent dans les carrières civiles.

L'ENSEIGNEMENT TECHNIQUE

<table>
<tr><td>IV
APPRENTISSAGE
(Pour ouvriers et employés de métier).</td><td>Apprentissage à l'usine, à l'atelier, au bureau, à la ferme ; 3 à 4 ans. Cours Professionnels concomitants pour l'enseignement théorique élémentaire, autant que possible sur le lieu même du travail.</td></tr>
</table>

Est-il besoin d'indiquer que si nous réclamons de l'enseignement technique qu'il s'inspire avant tout du genre de tâche, du niveau de la fonction que ses bénéficiaires sont destinés à accomplir, ce n'est pas le moins du monde que nous songions à changer l'instruction professionnelle en un moyen de créer comme des castes économiques fermées et inaccessibles aux membres des castes inférieures ? Bien au contraire, nous entendons que les certificats d'aptitude technique de chaque degré ouvrent les portes des établissements du degré supérieur. Mais il est essentiel pour le succès de la formation professionnelle que chaque degré de l'enseignement technique se cantonne strictement dans la formation d'un certain type de travailleur.

Essayons, dans cet esprit, de déterminer les grandes lignes d'un enseignement professionnel rationnel dans l'industrie, puis le commerce et enfin l'agriculture, sans perdre le contact avec les institutions déjà existantes.

*
**

L'enseignement technique industriel supérieur, précisément parce qu'il doit former les chefs de grandes entreprises ou d'un ensemble d'entreprises, doit faire suite à une culture générale sérieuse, et même à une culture classique étendue. Les idées générales sont d'autant plus nécessaires que le champ d'action est plus vaste : aussi l'instruction technique des chefs devra-t-elle conserver une tournure encyclopédique. Les Allemands, qui ont introduit une spécialisation extrême dans cet ordre d'enseignement, commencent à s'en repentir. Il est bon, en effet, que le chef ait des notions assez approfondies de technologie générale, et qu'il possède bien les éléments de science pure ou appliquée d'une utilisation commune à la plupart des industries. L'abus de la science abstraite et en particulier des mathématiques pures, assez répandu chez nous, ne paraît pas accroître, bien au contraire, le rendement pratique de l'ingénieur. La science pure doit donc être orientée sans cesse vers ses applications industrielles, et le laboratoire de l'école complété par l'usine. Personne n'ignore parmi les gens compétents que nous avons beaucoup à faire dans ce sens. D'une façon générale, la part faite dans nos grandes écoles aux travaux pratiques, aux manipulations, est beaucoup trop restreinte. Le contact avec l'usine n'existe pour ainsi dire pas : visites d'usines, voyages d'étude et principalement stages dans les ateliers, régulièrement organisés en Allemagne, en Belgique, aux États-Unis, sont presque ignorés chez nous. Un stage dans un atelier de mécanique paraît particulièrement recommandable pour tout élève-ingénieur quelconque, quelle que doive être par la suite sa spécialisation. Dans le même ordre d'idées, ne pourrait-on songer à recruter une partie du corps enseignant des grandes Ecoles parmi les ingénieurs pratiquant la branche d'industrie qu'ils enseignent ? Un développement plus considérable doit être également donné aux travaux graphiques et aux recherches personnelles nécessitant la constitution de dossiers et la réunion de documents, afin de permettre l'utilisation ultérieure d'une bonne bibliographie.

Un gros défaut de notre enseignement technique industriel supérieur, tel qu'il est organisé, est l'âge tardif auquel les ingénieurs qu'il forme peuvent entrer dans la carrière industrielle. L'âge de nos jeunes ingénieurs, à la sortie des grandes Ecoles, varie de 25 à 28 ans : c'est de beaucoup l'âge le plus élevé parmi les grands pays producteurs. Ce fait est dû à la fois au mode de recrutement de nos grandes Ecoles, c'est-à-dire au concours, et au programme excessif de ces concours. Plusieurs années sont absorbées par des études mathématiques épuisantes, trop théoriques, trop orientées vers le concours et d'une utilité discutable. Si l'on craint de trop élargir le recrutement en subordonnant l'admission à un simple examen, comme cela se fait dans la plupart des pays étrangers, il faut alléger les concours d'entrée et conséquemment abaisser la limite d'âge d'admission, quitte à reporter aux premières années d'études à l'intérieur de l'école une partie des études mathématiques sacrifiées, et quitte à organiser au sein même de l'école des examens rapidement éliminatoires.

Il est d'autant plus utile que les futurs chefs d'industrie sortent de l'école relativement jeunes, qu'ils ont encore besoin par la suite de faire un apprentissage spécialisé dans la branche d'industrie à laquelle ils se destinent. Cette spécialisation pourrait être facilitée par des cours post-scolaires organisés dans les grandes écoles, ou mieux dans des instituts industriels très spécialisés faisant partie de la catégorie d'établissements du second degré, et situés à proximité des grands centres industriels. En tout cas il est essentiel que l'ingénieur prenne le plus rapidement contact avec son métier, avec les contremaîtres, avec les ouvriers, au prix d'une rémunération modeste aux débuts. Sans cet apprentissage, le jeune ingénieur ne saurait rester qu'un théoricien incapable d'utiliser pratiquement toutes ses connaissances.

A l'inverse de l'enseignement supérieur, l'enseignement technique industriel moyen doit pousser très loin la spécialisation : c'est là sa raison d'être. Il doit avoir pour but de fournir des spécialistes utilisables à brève échéance, après la sortie de l'école, dans la branche de production choisie. Conséquemment la part faite aux travaux pratiques, aux manipulations, et surtout aux stages d'usines, y doit être encore plus large que dans les grandes Ecoles. Les écoles d'arts et métiers correspondent approximativement à ces desiderata pour un certain nombre d'industries à techniques assez voisines. Mais il conviendrait de multiplier le nombre des grands instituts techniques spécialisés. Il existe déjà dans cet ordre d'idées plusieurs instituts privés qui pourraient servir d'exemples. Pour les industries chimiques, électriques, mécaniques notamment, ces instituts pourraient être utilement annexés à nos Facultés des sciences, réalisant ainsi l'union tant réclamée du laboratoire et de l'usine. Mais pour y arriver, un gros effort est nécessaire.

De son côté, la formation des « sous-officiers de l'industrie » doit procéder d'une extrême spécialisation : spécialisation non seulement par métiers, mais peut-être même par catégories d'opérations dans un même métier. L'organisation complète d'un enseignement industriel primaire nécessite une classification préalable des travaux industriels. C'est là une tâche plus ardue qu'on ne le soupçonne au premier abord : elle est cependant indispensable. A chaque forme particulière du travail industriel d'exécution devrait ainsi correspondre une école ou une section d'école. C'est là le vœu de toutes les personnes compétentes. On a proposé pour désigner ces établissements le terme assez heureux d' « Instituts de métiers » (1).

On conçoit deux formes différentes pour l'organisation de tels instituts : soit des écoles proprement dites, absorbant la journée entière de l'élève, et qui s'adresseraient à des jeunes gens pouvant disposer d'une année ou plus après leur apprentissage, ou bénéficiant de bourses scolaires spéciales ; — soit des cours d'adultes, cours du soir, dominicaux ou de demi-temps. Une partie théorique, complétée par de bonnes démonstrations pratiques et des exercices d'exécution scien-

(1) Rapport de M. Villemin, président de la Fédération des syndicats professionnels du bâtiment, à la commission d'apprentissage de la Ville de Paris.

tifiquement dirigés, permettrait aux élèves de « dominer » leur travail à l'usine, d'en mieux vérifier le rendement et d'en surveiller le perfectionnement. Le personnel enseignant de ces cours devrait être choisi parmi les contremaîtres expérimentés ou les chefs d'ateliers en fonction.

L'initiative privée peut en cette matière devenir particulièrement intéressante. La Ville de Paris a déjà créé un certain nombre d'écoles professionnelles très remarquables se rapprochant beaucoup du type que nous demandons. Plusieurs Chambres syndicales se sont également lancées avec succès dans cette voie (bijouterie, industries du bronze et du papier, industries électriques, ferblanterie, etc., ainsi que de grandes sociétés métallurgiques et minières). De tels cours ou écoles auraient non seulement l'avantage de constituer des cadres de contremaîtres solides, mais aussi de fournir des instructeurs tout désignés pour les apprentis. Rappelons que le certificat ou diplôme délivré à la sortie de ces cours devrait donner accès aux établissements d'enseignement moyen : c'est en suivant cette filière qu'ont émergé un très grand nombre d'hommes d'affaires remarquables, tant en Angleterre qu'aux États-Unis.

La nécessité de l'apprentissage et sa généralisation sont encore chez nous, et à l'étranger aussi d'ailleurs, l'objet de discussions nombreuses. La crise de l'apprentissage a eu partiellement pour origine chez nous l'application de la loi du 30 mars 1900 qui impose un maximum de travail de 10 heures aux ouvriers tra vaillant dans des locaux où travaillent également des jeunes gens de moins de 18 ans. Cette mesure de protection trop radicale et sans souplesse a eu pour effet d'empêcher certaines industries de former des apprentis. A vrai dire, les doutes sur l'utilité de l'apprentissage ne peuvent naître sérieusement qu'en ce qui concerne les tâches que la fabrication en grand réussit à morceler à l'extrême. Chaque fois que la profession exige une habileté ne s'acquérant que par l'entraînement, l'avantage d'un enseignement qui abrège la durée des tâtonnements et des essais infructueux se démontre de lui-même. Or les professions répondant à cette définition constituent encore la grande majorité : non seulement les métiers d'art, les industries de luxe, si importantes chez nous, mais les innombrables activités où lutte victorieusement la petite entreprise. Il en est de même jusque dans les industries où la division du travail est très prononcée, mais où une foule de travaux spécialisés exigent encore une habileté acquise.

L'opportunité de l'apprentissage n'apparaît pas moins certaine, même pour l'exécution des tâches les plus simplifiées, les plus uniformes, que le premier manœuvre venu peut accomplir au bout de peu de temps. Tout établissement quelconque a en réalité intérêt à posséder le plus grand nombre possible d'ouvriers qualifiés : le mécanisme de son fonctionnement en acquerra une plus grande souplesse, et le personnel deviendra dans une certaine mesure interchangeable. L'ouvrier intelligent et comprenant à la fois sa machine et la raison d'être de la division du travail, sera souvent un guide précieux pour le perfectionnement du matériel et pour l'intensification de la division du travail. Nul doute que le passage de l'apprenti au travers des principales opérations en lesquelles se décompose toute production dans une grande entreprise, et que certaines notions de technologie élémentaire à lui inculquées, ne soient de nature à vaincre les résistances que rencontre chez nous la généralisation du taylorisme. Une première culture technique peut précisément faire contrepoids à l'assoupissement intellectuel que risque d'entraîner la monotonie des mêmes gestes indéfiniment répétés. Enfin un bon apprentissage permet à l'ouvrier de faire autre chose qu'une tâche unique ; en même temps qu'il l'assure contre le chômage, il lève un des obstacles que rencontre souvent l'employeur quand il veut substituer, dans l'organisation ancienne du travail, le calcul à l'empirisme, l'observation à l'imprévision, et lorsqu'il veut récupérer toutes les forces perdues. Sans aucun doute, notre production se débarrasserait ainsi d'une de ses plus certaines causes d'infériorité.

Il faut donc entrer résolument dans la voie de l'apprentissage obligatoire pour toutes les professions où cela est possible. En principe l'apprentissage doit se faire à l'usine, à l'atelier, sur le lieu même du travail, et non dans des écoles. On est ainsi conduit à revenir au contrat d'apprentissage qu'avait prévu la loi du 22 février 1851, à fixer les obligations respectives du patron, de l'apprenti, de sa famille, et à organiser des sanctions efficaces. Peut-être même conviendrait-il d'imposer aux chefs d'entreprises l'obligation de former un nombre d'apprentis proportionnel à l'importance de leurs établissements. La durée de l'apprentissage, ses modalités, l'importance des connaissances à inculquer seraient, toutefois, variables et à déterminer selon les professions et localités par des autorités spéciales, sortes de commissions mixtes, où patrons et ouvriers seraient représentés en majorité.

L'initiation matérielle au métier doit être complétée par des cours de « demi-temps », c'est-à-dire par quelques heures prises chaque semaine, et sans réduction de salaire, sur les heures de travail, pour être consacrées à l'enseignement de la technologie élémentaire, de notions de mécanique, de chimie, etc. Il faudrait d'ailleurs se garder, lorsqu'on légifèrera sur ce point, de fixer d'une façon uniforme et arbitraire le nombre des heures à prendre, par semaine, sur la journée de travail et à consacrer aux cours techniques. On risquerait, par trop de rigidité, de rendre non viable une réforme vitale, et même de porter une atteinte sérieuse à certaines de nos industries. En fait, ces cours de demi-temps pourraient constituer les sections les plus élémentaires des instituts de métiers, dont nous avons précédemment parlé. Il serait à désirer qu'ils fussent organisés par le patron, dans l'atelier même, toutes les fois que ce serait possible.

Les diplômes de capacité ou certificats d'assiduité délivrés à la fin du temps d'apprentissage deviendraient très vite une prime d'embauchage à l'avantage des ouvriers les plus habiles. Ajoutons que l'octroi de bourses aux plus méritants permettrait à ceux-ci de parvenir aux degrés immédiatement supérieurs de l'enseignement technique.

Indiquons enfin que les représentants des groupements professionnels doivent légitimement entrer au moins pour moitié dans tous les Conseils et Commissions de l'enseignement technique : Comités départementaux, cantonaux et communaux.

*
* *

On discerne logiquement dans l'enseignement commercial les mêmes quatre degrés que nous avons distingués dans l'enseignement technique industriel : avec un peu moins de netteté parfois, en raison de la plus grande élasticité des professions commerciales.

L'enseignement commercial supérieur dispensé par les écoles supérieures de commerce doit conserver avec raison, lui aussi, un certain caractère encyclopédique : géographie commerciale, courants commerciaux, économie politique, droit, transports, assurances, banque, comptabilité, technologie des marchandises, langues vivantes, etc. Malheureusement les programmes de nos écoles sont trop immuables, pas assez tenus à jour. Le programme de nos écoles commerciales de tous degrés ne devrait-il pas être une chose vivante, comme un programme d'action ouvert à toutes les suggestions de la pratique, en harmonie constante avec la situation commerciale nationale et internationale, avec tous les progrès de la technique commerciale ? L'école devrait être transformée, en certaines de ses parties, soit en un véritable bureau, soit en une banque, soit même en une maison de vente. Visites d'installations commerciales et stages à l'étranger mériteraient aussi une extension considérable, autant pour le plus grand profit des élèves que pour celui des maîtres eux-mêmes.

Ces dernières observations s'appliquent également aux 70 écoles pratiques de commerce existantes, qui représentent le degré moyen de l'enseignement commercial. On pourrait mettre sur le même échelon les écoles primaires supérieures, si on modifiait leur programme dans le sens que nous avons indiqué en parlant de l'instruction générale. A signaler le type fort intéressant des écoles primaires supérieures de la Ville de Paris, qui se rapproche sensiblement de l'organisation par nous réclamée. — La spécialisation fait peut-être défaut à ces diverses formes d'écoles commerciales, mais ce ne saurait être un mal, si des écoles commerciales très spécialisées fonctionnent à côté d'elles.

C'est par la spécialisation en effet que doit se caractériser l'enseignement commercial du degré inférieur ou primaire : écoles ou cours de transports, de banque, d'exportation, de voyageurs de commerce, de vendeurs, etc. Cette spécialisation ne ferait pas obstacle, bien entendu, à l'enseignement des diverses matières connexes à l'enseignement professionnel pratique principal : tenue des livres, correspondance commerciale, sténo-dactylographie, géographie commerciale, droit usuel, langues étrangères même, le tout élémentaire, naturellement, mais avec le souci constant des réalités. Le principe directeur de l'enseignement donné dans ces écoles devrait être de mettre les jeunes gens en état de connaître pratiquement toutes les opérations qu'un commerçant d'une certaine profession peut avoir à faire. Par exemple, pour un exportateur : l'échantillonnage, l'emballage, l'expédition, les calculs de tarifs de transports terrestres ou maritimes, le déchargement, le transbordement, les formalités de l'octroi ou de la douane, les modes de vente et de paiement, la publicité, etc. Toutes les opérations afférentes au contrat de vente devraient ainsi passer sous les yeux des élèves jusqu'au moment précis de la livraison dans n'importe quel pays du monde.

Ces écoles commerciales primaires pourraient être conçues, soit comme absorbant la journée entière de leurs élèves pendant une année environ, soit sous la forme de quelques heures de cours par semaine, accessibles aux jeunes gens en apprentissage dans les maisons de commerce, ainsi qu'aux adultes.

Il pourra se faire que le contrat d'apprentissage, tel qu'il est appelé à fonctionner dans l'industrie, soit d'une application très délicate dans certaines professions commerciales. La difficulté sera ici souvent de déterminer d'une façon satisfaisante ce que l'on est en droit d'exiger que le patron enseigne ou fasse enseigner au débutant. L'apprentissage prendra alors plutôt la forme des cours professionnels obligatoires dont nous venons de parler plus haut. Il serait à souhaiter que ces cours proviennent pour une large part de l'initiative patronale ou syndicale, et que rien dans la loi ne contrarie l'initiative en cette matière. Ce serait d'ailleurs le meilleur moyen pour adapter l'enseignement aux besoins changeants de telle ou telle branche de commerce.

Enfin, si des ententes entre chefs de maisons pouvaient s'établir en vue de permettre à leurs apprentis de faire des stages chez les uns ou chez les autres, et surtout dans des maisons similaires à l'étranger, il ne semble pas douteux que des jeunes gens pris au sortir de l'école primaire ou de l'école primaire supérieure, et soumis à un pareil entraînement pratique, seraient à très brève échéance aussi recherchés, sinon plus, que d'anciens élèves des écoles pratiques de commerce ou même des écoles supérieures de commerce.

*
* *

Dans le domaine de l'enseignement professionnel agricole, les piètres résultats numériques rapportés plus haut le démontrent, tout ou presque tout est à faire ou à refaire. L'agriculture est encore pratiquée dans la généralité de nos campagnes suivant des traditions anciennes transmises de père en fils, et impliquant trop souvent une perte d'efforts et de temps considérable. La machinerie agricole, la motoculture, les méthodes modernes d'assainissement, d'engraissement et d'amendement de la terre, l'alternance des cultures ou si l'on veut la culture industrielle sont encore très loin d'avoir reçu l'application et donné les résultats désirables. La coopération et le syndicalisme agricoles, si intéressant qu'ait été leur développement depuis trente ans en matière de crédit et d'assurance mutuels, d'achat et de vente en commun, ont encore un champ d'action immense devant eux. Tous ces éléments de prospérité rurale ne parviendront à un plein épanouissement que par une instruction professionnelle largement répandue.

D'où vient que nos établissements d'enseignement agricole supérieur (Institut agronomique) et secondaire (Grignon, Montpellier, Rennes) soient d'un recrutement si médiocre et d'un si faible rendement ? Cela tient sans doute à ce que nous sommes dans un pays de petite propriété paysanne, où les grands domaines eux-mêmes sont divisés en petites exploitations, et où il y a peu de place pour de grands chefs d'exploitations. Cela tient encore à l'incompréhensible discrédit qui a été jeté chez nous sur les professions agricoles. Le grand propriétaire faisant valoir directement remplit cependant une fonction sociale éminemment honorable : il est tout naturellement désigné pour servir de pionnier, dans sa contrée, à tous les progrès techniques. Peut-être enfin nos grandes écoles d'agriculture sont-elles, elles aussi, trop encombrées de théorie, trop exclusivement destinées à la formation d'ingénieurs agronomes ou de professeurs d'agriculture.

Pour accroître notre production agricole jusqu'au niveau qui nous permettra d'exporter, notamment d'exporter en grandes quantités du blé, car nous le pouvons et le devons, c'est à la masse paysanne qu'il faut s'adresser.

Les écoles pratiques d'agriculture de l'Etat, des départements, des villes, au nombre d'une quarantaine aujourd'hui, nous paraissent convenir très bien à la nombreuse clientèle des propriétaires moyens. Leur recrutement est malheureusement beaucoup trop restreint. Des préjugés vivaces subsistent encore quant à une soi-disant inutilité des écoles d'agriculture. C'est surtout du côté d'une transformation de l'opinion publique que doit porter ici le gros effort. Les écoles pratiques gagneraient à être complétées par de très nombreuses écoles de technique agricole spéciale : bergeries, laiteries, fromageries, fruiteries, écoles d'aviculture, d'osiériculture, de viticulture, fermes-écoles, etc. Ce sont les grands syndicats agricoles qui, en cette matière, devraient donner l'impulsion : les exemples d'écoles techniques créées par des unions de coopératives ou de syndicats agricoles sont, quant aux résultats, fort encourageants.

Le grand obstacle au plein succès des écoles agricoles sédentaires, c'est que leur fréquentation entraîne des frais et surtout absorbe des mois ou des années pendant l'adolescence. Or le paysan se défera difficilement de ses enfants pour un temps aussi prolongé. Il en a besoin, car les jeunes bras représentent une force de travail fort appréciable dès la fin des études primaires. L'enseignement agricole élémentaire devra donc être mis à la disposition du paysan chez lui, dans sa commune, sous une forme des plus simples et des plus compréhensibles. La forme la plus indiquée, comme étant d'une réalisation facile, paraît être celle de séries de leçons ou conférences faites à dates fixes, dont l'ensemble constituerait une suite logique, et qui seraient confiées, soit à des professeurs d'agriculture plus nombreux qu'aujourd'hui, soit à des personnes compétentes désignées par l'administration ou par les groupements locaux d'initiative. La mauvaise saison se prête particulièrement à ce genre de propagande, grâce aux loisirs relatifs qu'elle laisse à l'agriculteur (écoles d'hiver, fixes ou ambulantes, écoles ménagères ambulantes). Ces cours seraient utilement complétés par des démonstrations pratiques, par des visites peu coûteuses d'installations modèles, par la création dans chaque commune de bibliothèques agricoles bien fournies de publications appropriées à la culture régionale, enfin par la création de nombreux laboratoires agricoles moins éloignés que celui du professeur départemental d'agriculture.

Le contrat d'apprentissage paraît être à la campagne d'une réalisation fort délicate, car il s'y confond avec le contrat de louage de travail ordinaire. Raison de plus pour intensifier les cours professionnels agricoles et les rendre obligatoires pour toute la jeunesse paysanne : au besoin, des cours spéciaux pour la jeunesse pourraient être organisés et donner lieu à la délivrance d'un certificat d'assiduité pour ceux qui sauraient faire preuve, à la fin de ces cours, d'une bonne compréhension de l'enseignement.

L'ENSEIGNEMENT TECHNIQUE

*
* *

Un réseau d'institutions d'enseignement technique
conçu et réalisé selon les grandes lignes que nous
venons d'esquisser, préparé par un système d'instruction publique nettement orienté vers la vie professionnelle, nous donnerait, au cours des heures solennelles
que le pays traverse, le gage d'une plus grande productivité du travail national, et partant d'un essor
économique certain.

Nous y verrions également une promesse de paix
sociale, et cela parce qu'en matière d'enseignement
technique on ne saurait trop demander aux initiatives
privées. Les écoles professionnelles les plus intéressantes ont toujours été, par tout pays, l'œuvre de particuliers. Le rôle de l'État devrait se borner à contrôler
l'application de la loi et à suppléer éventuellement aux
initiatives défaillantes. Rien, dans les lois à venir, ne
doit en conséquence porter une atteinte jalouse aux
institutions extra-administratives : toutes facilités
doivent au contraire leur être données. Les premiers
intéressés au bon rendement professionnel, ne sont-ce
pas les membres de la profession ? Ce sont eux
qui réalisent les progrès techniques, qui devinent les
besoins de la profession, qui ont le sens le mieux averti
du côté pratique et utile de l'enseignement : c'est
parmi eux que se rencontre le meilleur personnel enseignant. Syndicats, groupements professionnels, grandes
ligues d'intérêt national seront les premiers appelés
à coopérer à une œuvre qui ne serait pas viable sans

eux. Ainsi, autour de l'école technique, créée dans la profession et pour la profession, syndicats ouvriers et patronaux trouveront un terrain de collaboration et d'entente. Au lieu de se préoccuper uniquement de leurs intérêts unilatéraux, le commun souci patriotique d'un meilleur rendement au profit de la collectivité tout entière leur rappellera leurs obligations et devoirs réciproques.

Et puis une élévation du niveau général de la culture professionnelle, depuis le chef jusqu'au contremaître et à l'ouvrier, entraîne nécessairement une plus exacte appréciation du travail, de nature à exalter la dignité du travail manuel à tous ses degrés. Or le goût du travail bien fait entraîne de lui-même un attachement à l'œuvre accomplie, et avec lui un légitime orgueil professionnel. Ces sentiments ne pourraient, croyons-nous, que susciter la renaissance d'une certaine vie corporative, précieux facteur de stabilité dans tous nos rapports sociaux.

VII. — CONCLUSIONS

Les considérations groupées dans les pages qui précèdent sont nécessairement incomplètes, puisqu'on ne saurait avoir la prétention, en une matière aussi vaste que l'examen d'un système d'éducation, de donner autre chose, dans les limites restreintes d'une étude préliminaire, que des indications et des points de repère. Nous voulons cependant espérer qu'elles auront suffi à convaincre la majorité des Français — comme nous sommes convaincus nous-mêmes — de cette vérité que la réforme de l'éducation française constitue un des points vitaux et essentiels de notre programme d'action d'après-guerre. Qu'on nous permette, en manière de conclusion, de reprendre et de grouper en un enchaînement qui nous semble d'une rigoureuse logique, les principales idées pratiques qui mènent droit à une pareille conviction.

Si l'Allemagne a imposé la guerre au monde, elle lui aura également imposé l'obligation à un travail intense et soutenu.

La victoire militaire en effet serait sans lendemain si elle n'était suivie de notre affranchissement économique. La France, sans songer à un puéril isolement commercial, doit se rendre économiquement libre.

Le traité de paix, à lui seul, ne fera pas cela : sans le travail de la nation, il resterait stéril.

La victoire n'empêchera pas d'ailleurs que le pays ait à supporter directement une large part des dettes occasionnées par la guerre et par la réparation de ses maux. Il ne pourra, en conséquence, supporter le fardeau de ces charges, que s'il répond à l'accroissement de ses obligations par l'accroissement de son revenu, c'est-à-dire de sa production.

La surproduction ne dépend pas seulement de l'existence de richesses naturelles et d'épargnes suffisantes, mais plus encore de la volonté de produire et de la science de la production. La qualité du travailleur devra suppléer à la pénurie de la main-d'œuvre.

L'ardeur au travail, le rendement du travail, l'intelligence dans le travail maintiendront seuls la France à son rang. Mais ces qualités ne s'improvisent pas : elles dépendent de la formation des individus.

Les nouveaux principes d'éducation doivent donc se proposer avant tout la mise en valeur des facultés productives de l'individu. Or, économiquement, l'homme n'est pleinement productif que s'il réalise l'équilibre de ses facultés naturelles : corps, caractère, intelligence. Nous ne devons pas avoir pour but de faire des machines, mais des hommes dans la plus large et la plus noble acception du mot.

Or, actuellement, notre système d'éducation est déséquilibré par excès de culture intellectuelle. Il faut réduire celle-ci à ses justes proportions et remettre le corps et la volonté en honneur. Notre système d'éducation est aussi trop désintéressé, et sans lien avec les professions productives, alors qu'il doit acheminer à la carrière, au métier, et être complété par un enseignement technique professionnel.

On nous rendra cette justice que, dans l'examen des moyens propres à réaliser ces corrections et compléments, nous nous sommes efforcés d'éviter les procès de tendance et les développements systématiques, et que nous avons toujours eu le souci de proposer des institutions pratiques et positives. Le sommaire n'en sera pas superflu en cette fin d'étude :

Culture physique : Principe de l'obligation stricte mais graduée, à tous les degrés de l'école. — Entraînement individuel, sports en commun. — Le jeu par équipes, récompense du travail scolaire. — Formation de l'instituteur aux méthodes modernes de culture physique. — Les collèges d'athlètes : écoles de moniteurs. — Les terrains de jeux communaux, ruraux et urbains. — Hygiène et propreté. — L'entraînement sportif post-scolaire.

Formation du caractère : Principe : éveiller le goût du vouloir, donner l'habitude de vouloir. — Mettre l'enfant en face de l'effort : le contact direct avec la vie. — L'éducation à la campagne, chaque fois que cela est possible. — L'expérience visuelle des travaux de la production. — Enseignement d'un métier éducateur. — Première initiation professionnelle aussi précoce que possible. — Lutte contre certaines formes de l'esprit de famille destructrices de l'initiative. — Concession progressive de la liberté. — Lutte contre l'internat. — Utilité des séjours à l'étranger.

Instruction : Principe : l'instruction doit être adaptée à la destination sociale probable de l'élève ; elle doit préparer directement à l'enseignement professionnel qui suit l'école. — Ne pas surcharger la mémoire ; ne pas abuser des idées générales. — Rechercher avant tout la formation du jugement; but principal : apprendre à apprendre. — Contact plus étroit de l'école avec le milieu économique. — L'enseignement doit remonter de la réalité à l'abstraction, à l'inverse de ce qui a été fait jusqu'à présent.

L'enseignement supérieur est trop académique. — Fusion des Facultés avec certains Instituts techniques ; union et collaboration plus complète de la science et des arts avec l'industrie.

La culture générale secondaire ne doit avoir pour but que de préparer à la culture générale supérieure et à l'enseignement technique supérieur. — Lutte contre le baccalauréat considéré comme une fin en soi. — Élimination sérieuse des réfractaires à ce genre d'instruction, au profit de l'instruction primaire supérieure et de l'instruction technique. — L'État et le personnel enseignant doivent se préoccuper de susciter les vocations professionnelles dont la vie économique du pays a besoin. Les professions commerciales et industrielles, ainsi que le travail manuel, doivent être remis en honneur.

Réaction contre l'intellectualisme superficiel de

l'école primaire. — Apprendre avant tout les bases fondamentales de toute instruction. — L'enseignement primaire doit être adapté aux divers milieux économiques : régionalisme scolaire. — Durée de la scolarité portée à 14 ans, mais avec les deux dernières années nettement consacrées à une sorte de préapprentissage, théorique et pratique. Dans les campagnes, les deux dernières années seraient remplacées par des cours périodiques ou saisonniers. — Avantages de la fréquentation obligatoire de l'école primaire, publique ou privée, par les enfants de toutes classes sociales.

Développement de l'enseignement primaire supérieur, mais avec une certaine extension donnée à l'enseignement des matières susceptibles d'être immédiatement utilisées dans les professions industrielles, commerciales ou agricoles.

Éducation physiologique et éléments de médecine usuelle à l'école, entre 15 et 17 ans.

Enseignement professionnel : Principe : nature et forme de l'enseignement réglées d'après le genre de fonction que l'élève est appelé à remplir dans les diverses entreprises de production. — Accessibilité des écoles des degrés supérieurs aux diplômés des degrés inférieurs.

Enseignement supérieur, pour chefs de grandes entreprises : il doit être encyclopédique, tout en maintenant le contact avec les travaux de la production. — Mais un enseignement spécialisé post-scolaire ou apprentissage doit le compléter. — Élargissement de son recrutement et terminaison des études à un âge moins avancé.

Enseignement moyen, pour chefs de services ou directeurs de moyennes entreprises : spécialisé, avec large part faite aux travaux pratiques.

Enseignement élémentaire, pour contremaîtres, petits patrons ou ouvriers d'art et de précision, très spécialisé. — Création d'Instituts de métiers. — Cours périodiques ou saisonniers à la campagne.

Apprentissage : Contrat obligatoire dans les industries de transformation. — Cours professionnels de demi-temps ou écoles professionnelles obligatoires pour toutes les catégories d'apprentis.

Mais, il faut l'avouer, un pareil plan de réformes ne saurait aboutir, malgré les lois et les encouragements de toutes natures accordés aux initiatives privées, sans que simultanément une évolution radicale s'accomplisse dans la formation de tout le personnel enseignant. Nos écoles normales supérieures et primaires devraient voir modifier leurs programmes en conséquence. Toutefois, pour qu'une semblable mesure soit véritablement efficace, pour que nos méthodes d'enseignement soient toujours à la hauteur des derniers progrès pédagogiques ainsi que des transformations économiques mondiales, il serait nécessaire qu'un contact intime et permanent fût maintenu avec les établissements les plus réputés de l'étranger, où un contingent important de nos futurs professeurs serait tenu de faire des stages répétés et de longue durée.

La même idée que les milieux universitaires doivent se pénétrer des besoins réels de notre économie nationale, nous amène à réclamer que les conseils universitaires à tous degrés, ainsi que les commissions de l'Instruction publique et de l'Enseignement technique, soient dorénavant très largement ouverts aux représentants des professions actives du pays, qui devraient logiquement y représenter la moitié des membres.

Bien loin d'avoir la présomption de penser que le sujet par nous abordé dans ses grandes lignes ait trouvé dans les suggestions qui précèdent une solution définitive et suffisante quant aux détails, notre plus cher désir serait que d'autres, et de plus compétents que nous, s'ils nous suivent dans l'ordre général de nos déductions, reprennent les diverses questions posées pour les mettre définitivement au point. L'essentiel est que l'accord se fasse sur l'esprit dans lequel doit être opérée une réforme générale de l'éducation française : c'est-à-dire le souci d'équilibrer nos méthodes pédagogiques en vue de former les hommes d'action et les techniciens consommés, sans lesquels la France ne sera pas en mesure de profiter de sa victoire.

Notre but principal a été de donner au problème de la formation de la jeunesse, parmi nos discussions actuelles, la place de premier plan qui lui revient, car elle est à la base de tout programme de réorganisation

économique et sociale. Il importe à cet égard de créer
un puissant mouvement d'opinion publique et d'exercer une action énergique sur les pouvoirs publics, afin
d'aboutir sans délai. Dans quelques années, il serait
déjà trop tard, car avant dix ans le sort économique
de la France sera réglé. Quant à préconiser des mesures
de détail, on peut dire par avance qu'elles ne sau
raient suffire : ce qu'il faut aujourd'hui au pays, c'est
une œuvre d'ensemble.

TABLE DES MATIÈRES